JOURNAL DE CAISSE

AUTO-ENTREPRENEUR / MICRO-ENTREPRISE

Raison Sociale

Établissement

Adresse de l'établissement

Numero SIRET

Mois 20

N°	Date	Réf.	Client	Désignation	Dépenses	Recettes	Moyen de paiement	Solde
1					.... , ...	.... , ...		.... , ...
2					.... , ...	.... , ...		.... , ...
3					.... , ...	.... , ...		.... , ...
4					.... , ...	.... , ...		.... , ...
5					.... , ...	.... , ...		.... , ...
6					.... , ...	.... , ...		.... , ...
7					.... , ...	.... , ...		.... , ...
8					.... , ...	.... , ...		.... , ...
9					.... , ...	.... , ...		.... , ...
10					.... , ...	.... , ...		.... , ...
11					.... , ...	.... , ...		.... , ...
12					.... , ...	.... , ...		.... , ...
13					.... , ...	.... , ...		.... , ...
14					.... , ...	.... , ...		.... , ...
15					.... , ...	.... , ...		.... , ...
16					.... , ...	.... , ...		.... , ...
17					.... , ...	.... , ...		.... , ...
18					.... , ...	.... , ...		.... , ...
19					.... , ...	.... , ...		.... , ...
20					.... , ...	.... , ...		.... , ...
21					.... , ...	.... , ...		.... , ...
22					.... , ...	.... , ...		.... , ...
23					.... , ...	.... , ...		.... , ...
24					.... , ...	.... , ...		.... , ...
25					.... , ...	.... , ...		.... , ...
26					.... , ...	.... , ...		.... , ...
27					.... , ...	.... , ...		.... , ...
28					.... , ...	.... , ...		.... , ...
29					.... , ...	.... , ...		.... , ...
30					.... , ...	.... , ...		.... , ...
							Total	.... , ...

Mois 20

N°	Date	Réf.	Client	Désignation	Dépenses	Recettes	Moyen de paiement	Solde
1					.... , ...	.... , ...		.... , ...
2					.... , ...	.... , ...		.... , ...
3					.... , ...	.... , ...		.... , ...
4					.... , ...	.... , ...		.... , ...
5					.... , ...	.... , ...		.... , ...
6					.... , ...	.... , ...		.... , ...
7					.... , ...	.... , ...		.... , ...
8					.... , ...	.... , ...		.... , ...
9					.... , ...	.... , ...		.... , ...
10					.... , ...	.... , ...		.... , ...
11					.... , ...	.... , ...		.... , ...
12					.... , ...	.... , ...		.... , ...
13					.... , ...	.... , ...		.... , ...
14					.... , ...	.... , ...		.... , ...
15					.... , ...	.... , ...		.... , ...
16					.... , ...	.... , ...		.... , ...
17					.... , ...	.... , ...		.... , ...
18					.... , ...	.... , ...		.... , ...
19					.... , ...	.... , ...		.... , ...
20					.... , ...	.... , ...		.... , ...
21					.... , ...	.... , ...		.... , ...
22					.... , ...	.... , ...		.... , ...
23					.... , ...	.... , ...		.... , ...
24					.... , ...	.... , ...		.... , ...
25					.... , ...	.... , ...		.... , ...
26					.... , ...	.... , ...		.... , ...
27					.... , ...	.... , ...		.... , ...
28					.... , ...	.... , ...		.... , ...
29					.... , ...	.... , ...		.... , ...
30					.... , ...	.... , ...		.... , ...
							Total	.... , ...

Mois 20

N°	Date	Réf.	Client	Désignation	Dépenses	Recettes	Moyen de paiement	Solde
1					.... , ...	.... , ...		.... , ...
2					.... , ...	.... , ...		.... , ...
3					.... , ...	.... , ...		.... , ...
4					.... , ...	.... , ...		.... , ...
5					.... , ...	.... , ...		.... , ...
6					.... , ...	.... , ...		.... , ...
7					.... , ...	.... , ...		.... , ...
8					.... , ...	.... , ...		.... , ...
9					.... , ...	.... , ...		.... , ...
10					.... , ...	.... , ...		.... , ...
11					.... , ...	.... , ...		.... , ...
12					.... , ...	.... , ...		.... , ...
13					.... , ...	.... , ...		.... , ...
14					.... , ...	.... , ...		.... , ...
15					.... , ...	.... , ...		.... , ...
16					.... , ...	.... , ...		.... , ...
17					.... , ...	.... , ...		.... , ...
18					.... , ...	.... , ...		.... , ...
19					.... , ...	.... , ...		.... , ...
20					.... , ...	.... , ...		.... , ...
21					.... , ...	.... , ...		.... , ...
22					.... , ...	.... , ...		.... , ...
23					.... , ...	.... , ...		.... , ...
24					.... , ...	.... , ...		.... , ...
25					.... , ...	.... , ...		.... , ...
26					.... , ...	.... , ...		.... , ...
27					.... , ...	.... , ...		.... , ...
28					.... , ...	.... , ...		.... , ...
29					.... , ...	.... , ...		.... , ...
30					.... , ...	.... , ...		.... , ...
							Total	.... , ...

Mois 20

N°	Date	Réf.	Client	Désignation	Dépenses	Recettes	Moyen de paiement	Solde
1					.... , ...	.... , ...		.... , ...
2					.... , ...	.... , ...		.... , ...
3					.... , ...	.... , ...		.... , ...
4					.... , ...	.... , ...		.... , ...
5					.... , ...	.... , ...		.... , ...
6					.... , ...	.... , ...		.... , ...
7					.... , ...	.... , ...		.... , ...
8					.... , ...	.... , ...		.... , ...
9					.... , ...	.... , ...		.... , ...
10					.... , ...	.... , ...		.... , ...
11					.... , ...	.... , ...		.... , ...
12					.... , ...	.... , ...		.... , ...
13					.... , ...	.... , ...		.... , ...
14					.... , ...	.... , ...		.... , ...
15					.... , ...	.... , ...		.... , ...
16					.... , ...	.... , ...		.... , ...
17					.... , ...	.... , ...		.... , ...
18					.... , ...	.... , ...		.... , ...
19					.... , ...	.... , ...		.... , ...
20					.... , ...	.... , ...		.... , ...
21					.... , ...	.... , ...		.... , ...
22					.... , ...	.... , ...		.... , ...
23					.... , ...	.... , ...		.... , ...
24					.... , ...	.... , ...		.... , ...
25					.... , ...	.... , ...		.... , ...
26					.... , ...	.... , ...		.... , ...
27					.... , ...	.... , ...		.... , ...
28					.... , ...	.... , ...		.... , ...
29					.... , ...	.... , ...		.... , ...
30					.... , ...	.... , ...		.... , ...
							Total	.... , ...

Mois 20

N°	Date	Réf.	Client	Désignation	Dépenses	Recettes	Moyen de paiement	Solde
1					.... , ...	.... , ...		.... , ...
2					.... , ...	.... , ...		.... , ...
3					.... , ...	.... , ...		.... , ...
4					.... , ...	.... , ...		.... , ...
5					.... , ...	.... , ...		.... , ...
6					.... , ...	.... , ...		.... , ...
7					.... , ...	.... , ...		.... , ...
8					.... , ...	.... , ...		.... , ...
9					.... , ...	.... , ...		.... , ...
10					.... , ...	.... , ...		.... , ...
11					.... , ...	.... , ...		.... , ...
12					.... , ...	.... , ...		.... , ...
13					.... , ...	.... , ...		.... , ...
14					.... , ...	.... , ...		.... , ...
15					.... , ...	.... , ...		.... , ...
16					.... , ...	.... , ...		.... , ...
17					.... , ...	.... , ...		.... , ...
18					.... , ...	.... , ...		.... , ...
19					.... , ...	.... , ...		.... , ...
20					.... , ...	.... , ...		.... , ...
21					.... , ...	.... , ...		.... , ...
22					.... , ...	.... , ...		.... , ...
23					.... , ...	.... , ...		.... , ...
24					.... , ...	.... , ...		.... , ...
25					.... , ...	.... , ...		.... , ...
26					.... , ...	.... , ...		.... , ...
27					.... , ...	.... , ...		.... , ...
28					.... , ...	.... , ...		.... , ...
29					.... , ...	.... , ...		.... , ...
30					.... , ...	.... , ...		.... , ...
							Total	.... , ...

Mois 20

N°	Date	Réf.	Client	Désignation	Dépenses	Recettes	Moyen de paiement	Solde
1					.... , ...	.... , ...		.... , ...
2					.... , ...	.... , ...		.... , ...
3					.... , ...	.... , ...		.... , ...
4					.... , ...	.... , ...		.... , ...
5					.... , ...	.... , ...		.... , ...
6					.... , ...	.... , ...		.... , ...
7					.... , ...	.... , ...		.... , ...
8					.... , ...	.... , ...		.... , ...
9					.... , ...	.... , ...		.... , ...
10					.... , ...	.... , ...		.... , ...
11					.... , ...	.... , ...		.... , ...
12					.... , ...	.... , ...		.... , ...
13					.... , ...	.... , ...		.... , ...
14					.... , ...	.... , ...		.... , ...
15					.... , ...	.... , ...		.... , ...
16					.... , ...	.... , ...		.... , ...
17					.... , ...	.... , ...		.... , ...
18					.... , ...	.... , ...		.... , ...
19					.... , ...	.... , ...		.... , ...
20					.... , ...	.... , ...		.... , ...
21					.... , ...	.... , ...		.... , ...
22					.... , ...	.... , ...		.... , ...
23					.... , ...	.... , ...		.... , ...
24					.... , ...	.... , ...		.... , ...
25					.... , ...	.... , ...		.... , ...
26					.... , ...	.... , ...		.... , ...
27					.... , ...	.... , ...		.... , ...
28					.... , ...	.... , ...		.... , ...
29					.... , ...	.... , ...		.... , ...
30					.... , ...	.... , ...		.... , ...

Total	.... , ...

Mois 20

N°	Date	Réf.	Client	Désignation	Dépenses	Recettes	Moyen de paiement	Solde
1					.... , ...	.... , ...		.... , ...
2					.... , ...	.... , ...		.... , ...
3					.... , ...	.... , ...		.... , ...
4					.... , ...	.... , ...		.... , ...
5					.... , ...	.... , ...		.... , ...
6					.... , ...	.... , ...		.... , ...
7					.... , ...	.... , ...		.... , ...
8					.... , ...	.... , ...		.... , ...
9					.... , ...	.... , ...		.... , ...
10					.... , ...	.... , ...		.... , ...
11					.... , ...	.... , ...		.... , ...
12					.... , ...	.... , ...		.... , ...
13					.... , ...	.... , ...		.... , ...
14					.... , ...	.... , ...		.... , ...
15					.... , ...	.... , ...		.... , ...
16					.... , ...	.... , ...		.... , ...
17					.... , ...	.... , ...		.... , ...
18					.... , ...	.... , ...		.... , ...
19					.... , ...	.... , ...		.... , ...
20					.... , ...	.... , ...		.... , ...
21					.... , ...	.... , ...		.... , ...
22					.... , ...	.... , ...		.... , ...
23					.... , ...	.... , ...		.... , ...
24					.... , ...	.... , ...		.... , ...
25					.... , ...	.... , ...		.... , ...
26					.... , ...	.... , ...		.... , ...
27					.... , ...	.... , ...		.... , ...
28					.... , ...	.... , ...		.... , ...
29					.... , ...	.... , ...		.... , ...
30					.... , ...	.... , ...		.... , ...
							Total	.... , ...

Mois 20

N°	Date	Réf.	Client	Désignation	Dépenses	Recettes	Moyen de paiement	Solde
1					.... , ...	.... , ...		.... , ...
2					.... , ...	.... , ...		.... , ...
3					.... , ...	.... , ...		.... , ...
4					.... , ...	.... , ...		.... , ...
5					.... , ...	.... , ...		.... , ...
6					.... , ...	.... , ...		.... , ...
7					.... , ...	.... , ...		.... , ...
8					.... , ...	.... , ...		.... , ...
9					.... , ...	.... , ...		.... , ...
10					.... , ...	.... , ...		.... , ...
11					.... , ...	.... , ...		.... , ...
12					.... , ...	.... , ...		.... , ...
13					.... , ...	.... , ...		.... , ...
14					.... , ...	.... , ...		.... , ...
15					.... , ...	.... , ...		.... , ...
16					.... , ...	.... , ...		.... , ...
17					.... , ...	.... , ...		.... , ...
18					.... , ...	.... , ...		.... , ...
19					.... , ...	.... , ...		.... , ...
20					.... , ...	.... , ...		.... , ...
21					.... , ...	.... , ...		.... , ...
22					.... , ...	.... , ...		.... , ...
23					.... , ...	.... , ...		.... , ...
24					.... , ...	.... , ...		.... , ...
25					.... , ...	.... , ...		.... , ...
26					.... , ...	.... , ...		.... , ...
27					.... , ...	.... , ...		.... , ...
28					.... , ...	.... , ...		.... , ...
29					.... , ...	.... , ...		.... , ...
30					.... , ...	.... , ...		.... , ...
							Total	.... , ...

Mois 20

N°	Date	Réf.	Client	Désignation	Dépenses	Recettes	Moyen de paiement	Solde
1					.... , ...	.... , ...		.... , ...
2					.... , ...	.... , ...		.... , ...
3					.... , ...	.... , ...		.... , ...
4					.... , ...	.... , ...		.... , ...
5					.... , ...	.... , ...		.... , ...
6					.... , ...	.... , ...		.... , ...
7					.... , ...	.... , ...		.... , ...
8					.... , ...	.... , ...		.... , ...
9					.... , ...	.... , ...		.... , ...
10					.... , ...	.... , ...		.... , ...
11					.... , ...	.... , ...		.... , ...
12					.... , ...	.... , ...		.... , ...
13					.... , ...	.... , ...		.... , ...
14					.... , ...	.... , ...		.... , ...
15					.... , ...	.... , ...		.... , ...
16					.... , ...	.... , ...		.... , ...
17					.... , ...	.... , ...		.... , ...
18					.... , ...	.... , ...		.... , ...
19					.... , ...	.... , ...		.... , ...
20					.... , ...	.... , ...		.... , ...
21					.... , ...	.... , ...		.... , ...
22					.... , ...	.... , ...		.... , ...
23					.... , ...	.... , ...		.... , ...
24					.... , ...	.... , ...		.... , ...
25					.... , ...	.... , ...		.... , ...
26					.... , ...	.... , ...		.... , ...
27					.... , ...	.... , ...		.... , ...
28					.... , ...	.... , ...		.... , ...
29					.... , ...	.... , ...		.... , ...
30					.... , ...	.... , ...		.... , ...
							Total	.... , ...

Mois 20

N°	Date	Réf.	Client	Désignation	Dépenses	Recettes	Moyen de paiement	Solde
1					.... , ...	.... , ...		.... , ...
2					.... , ...	.... , ...		.... , ...
3					.... , ...	.... , ...		.... , ...
4					.... , ...	.... , ...		.... , ...
5					.... , ...	.... , ...		.... , ...
6					.... , ...	.... , ...		.... , ...
7					.... , ...	.... , ...		.... , ...
8					.... , ...	.... , ...		.... , ...
9					.... , ...	.... , ...		.... , ...
10					.... , ...	.... , ...		.... , ...
11					.... , ...	.... , ...		.... , ...
12					.... , ...	.... , ...		.... , ...
13					.... , ...	.... , ...		.... , ...
14					.... , ...	.... , ...		.... , ...
15					.... , ...	.... , ...		.... , ...
16					.... , ...	.... , ...		.... , ...
17					.... , ...	.... , ...		.... , ...
18					.... , ...	.... , ...		.... , ...
19					.... , ...	.... , ...		.... , ...
20					.... , ...	.... , ...		.... , ...
21					.... , ...	.... , ...		.... , ...
22					.... , ...	.... , ...		.... , ...
23					.... , ...	.... , ...		.... , ...
24					.... , ...	.... , ...		.... , ...
25					.... , ...	.... , ...		.... , ...
26					.... , ...	.... , ...		.... , ...
27					.... , ...	.... , ...		.... , ...
28					.... , ...	.... , ...		.... , ...
29					.... , ...	.... , ...		.... , ...
30					.... , ...	.... , ...		.... , ...
							Total	.... , ...

Mois 20

N°	Date	Réf.	Client	Désignation	Dépenses	Recettes	Moyen de paiement	Solde
1					.... , ...	.... , ...		.... , ...
2					.... , ...	.... , ...		.... , ...
3					.... , ...	.... , ...		.... , ...
4					.... , ...	.... , ...		.... , ...
5					.... , ...	.... , ...		.... , ...
6					.... , ...	.... , ...		.... , ...
7					.... , ...	.... , ...		.... , ...
8					.... , ...	.... , ...		.... , ...
9					.... , ...	.... , ...		.... , ...
10					.... , ...	.... , ...		.... , ...
11					.... , ...	.... , ...		.... , ...
12					.... , ...	.... , ...		.... , ...
13					.... , ...	.... , ...		.... , ...
14					.... , ...	.... , ...		.... , ...
15					.... , ...	.... , ...		.... , ...
16					.... , ...	.... , ...		.... , ...
17					.... , ...	.... , ...		.... , ...
18					.... , ...	.... , ...		.... , ...
19					.... , ...	.... , ...		.... , ...
20					.... , ...	.... , ...		.... , ...
21					.... , ...	.... , ...		.... , ...
22					.... , ...	.... , ...		.... , ...
23					.... , ...	.... , ...		.... , ...
24					.... , ...	.... , ...		.... , ...
25					.... , ...	.... , ...		.... , ...
26					.... , ...	.... , ...		.... , ...
27					.... , ...	.... , ...		.... , ...
28					.... , ...	.... , ...		.... , ...
29					.... , ...	.... , ...		.... , ...
30					.... , ...	.... , ...		.... , ...
							Total	.... , ...

Mois 20

N°	Date	Réf.	Client	Désignation	Dépenses	Recettes	Moyen de paiement	Solde
1					.... , ...	.... , ...		.... , ...
2					.... , ...	.... , ...		.... , ...
3					.... , ...	.... , ...		.... , ...
4					.... , ...	.... , ...		.... , ...
5					.... , ...	.... , ...		.... , ...
6					.... , ...	.... , ...		.... , ...
7					.... , ...	.... , ...		.... , ...
8					.... , ...	.... , ...		.... , ...
9					.... , ...	.... , ...		.... , ...
10					.... , ...	.... , ...		.... , ...
11					.... , ...	.... , ...		.... , ...
12					.... , ...	.... , ...		.... , ...
13					.... , ...	.... , ...		.... , ...
14					.... , ...	.... , ...		.... , ...
15					.... , ...	.... , ...		.... , ...
16					.... , ...	.... , ...		.... , ...
17					.... , ...	.... , ...		.... , ...
18					.... , ...	.... , ...		.... , ...
19					.... , ...	.... , ...		.... , ...
20					.... , ...	.... , ...		.... , ...
21					.... , ...	.... , ...		.... , ...
22					.... , ...	.... , ...		.... , ...
23					.... , ...	.... , ...		.... , ...
24					.... , ...	.... , ...		.... , ...
25					.... , ...	.... , ...		.... , ...
26					.... , ...	.... , ...		.... , ...
27					.... , ...	.... , ...		.... , ...
28					.... , ...	.... , ...		.... , ...
29					.... , ...	.... , ...		.... , ...
30					.... , ...	.... , ...		.... , ...
							Total	.... , ...

Mois 20

N°	Date	Réf.	Client	Désignation	Dépenses	Recettes	Moyen de paiement	Solde
1					.... , ...	.... , ...		.... , ...
2					.... , ...	.... , ...		.... , ...
3					.... , ...	.... , ...		.... , ...
4					.... , ...	.... , ...		.... , ...
5					.... , ...	.... , ...		.... , ...
6					.... , ...	.... , ...		.... , ...
7					.... , ...	.... , ...		.... , ...
8					.... , ...	.... , ...		.... , ...
9					.... , ...	.... , ...		.... , ...
10					.... , ...	.... , ...		.... , ...
11					.... , ...	.... , ...		.... , ...
12					.... , ...	.... , ...		.... , ...
13					.... , ...	.... , ...		.... , ...
14					.... , ...	.... , ...		.... , ...
15					.... , ...	.... , ...		.... , ...
16					.... , ...	.... , ...		.... , ...
17					.... , ...	.... , ...		.... , ...
18					.... , ...	.... , ...		.... , ...
19					.... , ...	.... , ...		.... , ...
20					.... , ...	.... , ...		.... , ...
21					.... , ...	.... , ...		.... , ...
22					.... , ...	.... , ...		.... , ...
23					.... , ...	.... , ...		.... , ...
24					.... , ...	.... , ...		.... , ...
25					.... , ...	.... , ...		.... , ...
26					.... , ...	.... , ...		.... , ...
27					.... , ...	.... , ...		.... , ...
28					.... , ...	.... , ...		.... , ...
29					.... , ...	.... , ...		.... , ...
30					.... , ...	.... , ...		.... , ...
							Total	.... , ...

Mois 20

N°	Date	Réf.	Client	Désignation	Dépenses	Recettes	Moyen de paiement	Solde
1					.... , ...	.... , ...		.... , ...
2					.... , ...	.... , ...		.... , ...
3					.... , ...	.... , ...		.... , ...
4					.... , ...	.... , ...		.... , ...
5					.... , ...	.... , ...		.... , ...
6					.... , ...	.... , ...		.... , ...
7					.... , ...	.... , ...		.... , ...
8					.... , ...	.... , ...		.... , ...
9					.... , ...	.... , ...		.... , ...
10					.... , ...	.... , ...		.... , ...
11					.... , ...	.... , ...		.... , ...
12					.... , ...	.... , ...		.... , ...
13					.... , ...	.... , ...		.... , ...
14					.... , ...	.... , ...		.... , ...
15					.... , ...	.... , ...		.... , ...
16					.... , ...	.... , ...		.... , ...
17					.... , ...	.... , ...		.... , ...
18					.... , ...	.... , ...		.... , ...
19					.... , ...	.... , ...		.... , ...
20					.... , ...	.... , ...		.... , ...
21					.... , ...	.... , ...		.... , ...
22					.... , ...	.... , ...		.... , ...
23					.... , ...	.... , ...		.... , ...
24					.... , ...	.... , ...		.... , ...
25					.... , ...	.... , ...		.... , ...
26					.... , ...	.... , ...		.... , ...
27					.... , ...	.... , ...		.... , ...
28					.... , ...	.... , ...		.... , ...
29					.... , ...	.... , ...		.... , ...
30					.... , ...	.... , ...		.... , ...
							Total	.... , ...

Mois 20

N°	Date	Réf.	Client	Désignation	Dépenses	Recettes	Moyen de paiement	Solde
1					.... , ...	.... , ...		.... , ...
2					.... , ...	.... , ...		.... , ...
3					.... , ...	.... , ...		.... , ...
4					.... , ...	.... , ...		.... , ...
5					.... , ...	.... , ...		.... , ...
6					.... , ...	.... , ...		.... , ...
7					.... , ...	.... , ...		.... , ...
8					.... , ...	.... , ...		.... , ...
9					.... , ...	.... , ...		.... , ...
10					.... , ...	.... , ...		.... , ...
11					.... , ...	.... , ...		.... , ...
12					.... , ...	.... , ...		.... , ...
13					.... , ...	.... , ...		.... , ...
14					.... , ...	.... , ...		.... , ...
15					.... , ...	.... , ...		.... , ...
16					.... , ...	.... , ...		.... , ...
17					.... , ...	.... , ...		.... , ...
18					.... , ...	.... , ...		.... , ...
19					.... , ...	.... , ...		.... , ...
20					.... , ...	.... , ...		.... , ...
21					.... , ...	.... , ...		.... , ...
22					.... , ...	.... , ...		.... , ...
23					.... , ...	.... , ...		.... , ...
24					.... , ...	.... , ...		.... , ...
25					.... , ...	.... , ...		.... , ...
26					.... , ...	.... , ...		.... , ...
27					.... , ...	.... , ...		.... , ...
28					.... , ...	.... , ...		.... , ...
29					.... , ...	.... , ...		.... , ...
30					.... , ...	.... , ...		.... , ...
							Total	.... , ...

Mois 20

N°	Date	Réf.	Client	Désignation	Dépenses	Recettes	Moyen de paiement	Solde
1					.... , ...	.... , ...		.... , ...
2					.... , ...	.... , ...		.... , ...
3					.... , ...	.... , ...		.... , ...
4					.... , ...	.... , ...		.... , ...
5					.... , ...	.... , ...		.... , ...
6					.... , ...	.... , ...		.... , ...
7					.... , ...	.... , ...		.... , ...
8					.... , ...	.... , ...		.... , ...
9					.... , ...	.... , ...		.... , ...
10					.... , ...	.... , ...		.... , ...
11					.... , ...	.... , ...		.... , ...
12					.... , ...	.... , ...		.... , ...
13					.... , ...	.... , ...		.... , ...
14					.... , ...	.... , ...		.... , ...
15					.... , ...	.... , ...		.... , ...
16					.... , ...	.... , ...		.... , ...
17					.... , ...	.... , ...		.... , ...
18					.... , ...	.... , ...		.... , ...
19					.... , ...	.... , ...		.... , ...
20					.... , ...	.... , ...		.... , ...
21					.... , ...	.... , ...		.... , ...
22					.... , ...	.... , ...		.... , ...
23					.... , ...	.... , ...		.... , ...
24					.... , ...	.... , ...		.... , ...
25					.... , ...	.... , ...		.... , ...
26					.... , ...	.... , ...		.... , ...
27					.... , ...	.... , ...		.... , ...
28					.... , ...	.... , ...		.... , ...
29					.... , ...	.... , ...		.... , ...
30					.... , ...	.... , ...		.... , ...
							Total	.... , ...

Mois 20

N°	Date	Réf.	Client	Désignation	Dépenses	Recettes	Moyen de paiement	Solde
1					.... , ...	.... , ...		.... , ...
2					.... , ...	.... , ...		.... , ...
3					.... , ...	.... , ...		.... , ...
4					.... , ...	.... , ...		.... , ...
5					.... , ...	.... , ...		.... , ...
6					.... , ...	.... , ...		.... , ...
7					.... , ...	.... , ...		.... , ...
8					.... , ...	.... , ...		.... , ...
9					.... , ...	.... , ...		.... , ...
10					.... , ...	.... , ...		.... , ...
11					.... , ...	.... , ...		.... , ...
12					.... , ...	.... , ...		.... , ...
13					.... , ...	.... , ...		.... , ...
14					.... , ...	.... , ...		.... , ...
15					.... , ...	.... , ...		.... , ...
16					.... , ...	.... , ...		.... , ...
17					.... , ...	.... , ...		.... , ...
18					.... , ...	.... , ...		.... , ...
19					.... , ...	.... , ...		.... , ...
20					.... , ...	.... , ...		.... , ...
21					.... , ...	.... , ...		.... , ...
22					.... , ...	.... , ...		.... , ...
23					.... , ...	.... , ...		.... , ...
24					.... , ...	.... , ...		.... , ...
25					.... , ...	.... , ...		.... , ...
26					.... , ...	.... , ...		.... , ...
27					.... , ...	.... , ...		.... , ...
28					.... , ...	.... , ...		.... , ...
29					.... , ...	.... , ...		.... , ...
30					.... , ...	.... , ...		.... , ...
							Total	.... , ...

Mois 20

N°	Date	Réf.	Client	Désignation	Dépenses	Recettes	Moyen de paiement	Solde
1					.... , ...	.... , ...		.... , ...
2					.... , ...	.... , ...		.... , ...
3					.... , ...	.... , ...		.... , ...
4					.... , ...	.... , ...		.... , ...
5					.... , ...	.... , ...		.... , ...
6					.... , ...	.... , ...		.... , ...
7					.... , ...	.... , ...		.... , ...
8					.... , ...	.... , ...		.... , ...
9					.... , ...	.... , ...		.... , ...
10					.... , ...	.... , ...		.... , ...
11					.... , ...	.... , ...		.... , ...
12					.... , ...	.... , ...		.... , ...
13					.... , ...	.... , ...		.... , ...
14					.... , ...	.... , ...		.... , ...
15					.... , ...	.... , ...		.... , ...
16					.... , ...	.... , ...		.... , ...
17					.... , ...	.... , ...		.... , ...
18					.... , ...	.... , ...		.... , ...
19					.... , ...	.... , ...		.... , ...
20					.... , ...	.... , ...		.... , ...
21					.... , ...	.... , ...		.... , ...
22					.... , ...	.... , ...		.... , ...
23					.... , ...	.... , ...		.... , ...
24					.... , ...	.... , ...		.... , ...
25					.... , ...	.... , ...		.... , ...
26					.... , ...	.... , ...		.... , ...
27					.... , ...	.... , ...		.... , ...
28					.... , ...	.... , ...		.... , ...
29					.... , ...	.... , ...		.... , ...
30					.... , ...	.... , ...		.... , ...
							Total	.... , ...

Mois 20

N°	Date	Réf.	Client	Désignation	Dépenses	Recettes	Moyen de paiement	Solde
1					.... , ...	.... , ...		.... , ...
2					.... , ...	.... , ...		.... , ...
3					.... , ...	.... , ...		.... , ...
4					.... , ...	.... , ...		.... , ...
5					.... , ...	.... , ...		.... , ...
6					.... , ...	.... , ...		.... , ...
7					.... , ...	.... , ...		.... , ...
8					.... , ...	.... , ...		.... , ...
9					.... , ...	.... , ...		.... , ...
10					.... , ...	.... , ...		.... , ...
11					.... , ...	.... , ...		.... , ...
12					.... , ...	.... , ...		.... , ...
13					.... , ...	.... , ...		.... , ...
14					.... , ...	.... , ...		.... , ...
15					.... , ...	.... , ...		.... , ...
16					.... , ...	.... , ...		.... , ...
17					.... , ...	.... , ...		.... , ...
18					.... , ...	.... , ...		.... , ...
19					.... , ...	.... , ...		.... , ...
20					.... , ...	.... , ...		.... , ...
21					.... , ...	.... , ...		.... , ...
22					.... , ...	.... , ...		.... , ...
23					.... , ...	.... , ...		.... , ...
24					.... , ...	.... , ...		.... , ...
25					.... , ...	.... , ...		.... , ...
26					.... , ...	.... , ...		.... , ...
27					.... , ...	.... , ...		.... , ...
28					.... , ...	.... , ...		.... , ...
29					.... , ...	.... , ...		.... , ...
30					.... , ...	.... , ...		.... , ...
							Total	.... , ...

Mois 20

N°	Date	Réf.	Client	Désignation	Dépenses	Recettes	Moyen de paiement	Solde
1					.... , ...	.... , ...		.... , ...
2					.... , ...	.... , ...		.... , ...
3					.... , ...	.... , ...		.... , ...
4					.... , ...	.... , ...		.... , ...
5					.... , ...	.... , ...		.... , ...
6					.... , ...	.... , ...		.... , ...
7					.... , ...	.... , ...		.... , ...
8					.... , ...	.... , ...		.... , ...
9					.... , ...	.... , ...		.... , ...
10					.... , ...	.... , ...		.... , ...
11					.... , ...	.... , ...		.... , ...
12					.... , ...	.... , ...		.... , ...
13					.... , ...	.... , ...		.... , ...
14					.... , ...	.... , ...		.... , ...
15					.... , ...	.... , ...		.... , ...
16					.... , ...	.... , ...		.... , ...
17					.... , ...	.... , ...		.... , ...
18					.... , ...	.... , ...		.... , ...
19					.... , ...	.... , ...		.... , ...
20					.... , ...	.... , ...		.... , ...
21					.... , ...	.... , ...		.... , ...
22					.... , ...	.... , ...		.... , ...
23					.... , ...	.... , ...		.... , ...
24					.... , ...	.... , ...		.... , ...
25					.... , ...	.... , ...		.... , ...
26					.... , ...	.... , ...		.... , ...
27					.... , ...	.... , ...		.... , ...
28					.... , ...	.... , ...		.... , ...
29					.... , ...	.... , ...		.... , ...
30					.... , ...	.... , ...		.... , ...
							Total	.... , ...

Mois 20

N°	Date	Réf.	Client	Désignation	Dépenses	Recettes	Moyen de paiement	Solde
1					.... , ...	.... , ...		.... , ...
2					.... , ...	.... , ...		.... , ...
3					.... , ...	.... , ...		.... , ...
4					.... , ...	.... , ...		.... , ...
5					.... , ...	.... , ...		.... , ...
6					.... , ...	.... , ...		.... , ...
7					.... , ...	.... , ...		.... , ...
8					.... , ...	.... , ...		.... , ...
9					.... , ...	.... , ...		.... , ...
10					.... , ...	.... , ...		.... , ...
11					.... , ...	.... , ...		.... , ...
12					.... , ...	.... , ...		.... , ...
13					.... , ...	.... , ...		.... , ...
14					.... , ...	.... , ...		.... , ...
15					.... , ...	.... , ...		.... , ...
16					.... , ...	.... , ...		.... , ...
17					.... , ...	.... , ...		.... , ...
18					.... , ...	.... , ...		.... , ...
19					.... , ...	.... , ...		.... , ...
20					.... , ...	.... , ...		.... , ...
21					.... , ...	.... , ...		.... , ...
22					.... , ...	.... , ...		.... , ...
23					.... , ...	.... , ...		.... , ...
24					.... , ...	.... , ...		.... , ...
25					.... , ...	.... , ...		.... , ...
26					.... , ...	.... , ...		.... , ...
27					.... , ...	.... , ...		.... , ...
28					.... , ...	.... , ...		.... , ...
29					.... , ...	.... , ...		.... , ...
30					.... , ...	.... , ...		.... , ...
							Total	.... , ...

Mois 20

N°	Date	Réf.	Client	Désignation	Dépenses	Recettes	Moyen de paiement	Solde
1					.... , ...	.... , ...		.... , ...
2					.... , ...	.... , ...		.... , ...
3					.... , ...	.... , ...		.... , ...
4					.... , ...	.... , ...		.... , ...
5					.... , ...	.... , ...		.... , ...
6					.... , ...	.... , ...		.... , ...
7					.... , ...	.... , ...		.... , ...
8					.... , ...	.... , ...		.... , ...
9					.... , ...	.... , ...		.... , ...
10					.... , ...	.... , ...		.... , ...
11					.... , ...	.... , ...		.... , ...
12					.... , ...	.... , ...		.... , ...
13					.... , ...	.... , ...		.... , ...
14					.... , ...	.... , ...		.... , ...
15					.... , ...	.... , ...		.... , ...
16					.... , ...	.... , ...		.... , ...
17					.... , ...	.... , ...		.... , ...
18					.... , ...	.... , ...		.... , ...
19					.... , ...	.... , ...		.... , ...
20					.... , ...	.... , ...		.... , ...
21					.... , ...	.... , ...		.... , ...
22					.... , ...	.... , ...		.... , ...
23					.... , ...	.... , ...		.... , ...
24					.... , ...	.... , ...		.... , ...
25					.... , ...	.... , ...		.... , ...
26					.... , ...	.... , ...		.... , ...
27					.... , ...	.... , ...		.... , ...
28					.... , ...	.... , ...		.... , ...
29					.... , ...	.... , ...		.... , ...
30					.... , ...	.... , ...		.... , ...
							Total	.... , ...

Mois 20

N°	Date	Réf.	Client	Désignation	Dépenses	Recettes	Moyen de paiement	Solde
1					.... , ...	.... , ...		.... , ...
2					.... , ...	.... , ...		.... , ...
3					.... , ...	.... , ...		.... , ...
4					.... , ...	.... , ...		.... , ...
5					.... , ...	.... , ...		.... , ...
6					.... , ...	.... , ...		.... , ...
7					.... , ...	.... , ...		.... , ...
8					.... , ...	.... , ...		.... , ...
9					.... , ...	.... , ...		.... , ...
10					.... , ...	.... , ...		.... , ...
11					.... , ...	.... , ...		.... , ...
12					.... , ...	.... , ...		.... , ...
13					.... , ...	.... , ...		.... , ...
14					.... , ...	.... , ...		.... , ...
15					.... , ...	.... , ...		.... , ...
16					.... , ...	.... , ...		.... , ...
17					.... , ...	.... , ...		.... , ...
18					.... , ...	.... , ...		.... , ...
19					.... , ...	.... , ...		.... , ...
20					.... , ...	.... , ...		.... , ...
21					.... , ...	.... , ...		.... , ...
22					.... , ...	.... , ...		.... , ...
23					.... , ...	.... , ...		.... , ...
24					.... , ...	.... , ...		.... , ...
25					.... , ...	.... , ...		.... , ...
26					.... , ...	.... , ...		.... , ...
27					.... , ...	.... , ...		.... , ...
28					.... , ...	.... , ...		.... , ...
29					.... , ...	.... , ...		.... , ...
30					.... , ...	.... , ...		.... , ...
							Total	.... , ...

Mois 20

N°	Date	Réf.	Client	Désignation	Dépenses	Recettes	Moyen de paiement	Solde
1					.... , ...	.... , ...		.... , ...
2					.... , ...	.... , ...		.... , ...
3					.... , ...	.... , ...		.... , ...
4					.... , ...	.... , ...		.... , ...
5					.... , ...	.... , ...		.... , ...
6					.... , ...	.... , ...		.... , ...
7					.... , ...	.... , ...		.... , ...
8					.... , ...	.... , ...		.... , ...
9					.... , ...	.... , ...		.... , ...
10					.... , ...	.... , ...		.... , ...
11					.... , ...	.... , ...		.... , ...
12					.... , ...	.... , ...		.... , ...
13					.... , ...	.... , ...		.... , ...
14					.... , ...	.... , ...		.... , ...
15					.... , ...	.... , ...		.... , ...
16					.... , ...	.... , ...		.... , ...
17					.... , ...	.... , ...		.... , ...
18					.... , ...	.... , ...		.... , ...
19					.... , ...	.... , ...		.... , ...
20					.... , ...	.... , ...		.... , ...
21					.... , ...	.... , ...		.... , ...
22					.... , ...	.... , ...		.... , ...
23					.... , ...	.... , ...		.... , ...
24					.... , ...	.... , ...		.... , ...
25					.... , ...	.... , ...		.... , ...
26					.... , ...	.... , ...		.... , ...
27					.... , ...	.... , ...		.... , ...
28					.... , ...	.... , ...		.... , ...
29					.... , ...	.... , ...		.... , ...
30					.... , ...	.... , ...		.... , ...
							Total	.... , ...

Mois 20

N°	Date	Réf.	Client	Désignation	Dépenses	Recettes	Moyen de paiement	Solde
1					.... , ...	.... , ...		.... , ...
2					.... , ...	.... , ...		.... , ...
3					.... , ...	.... , ...		.... , ...
4					.... , ...	.... , ...		.... , ...
5					.... , ...	.... , ...		.... , ...
6					.... , ...	.... , ...		.... , ...
7					.... , ...	.... , ...		.... , ...
8					.... , ...	.... , ...		.... , ...
9					.... , ...	.... , ...		.... , ...
10					.... , ...	.... , ...		.... , ...
11					.... , ...	.... , ...		.... , ...
12					.... , ...	.... , ...		.... , ...
13					.... , ...	.... , ...		.... , ...
14					.... , ...	.... , ...		.... , ...
15					.... , ...	.... , ...		.... , ...
16					.... , ...	.... , ...		.... , ...
17					.... , ...	.... , ...		.... , ...
18					.... , ...	.... , ...		.... , ...
19					.... , ...	.... , ...		.... , ...
20					.... , ...	.... , ...		.... , ...
21					.... , ...	.... , ...		.... , ...
22					.... , ...	.... , ...		.... , ...
23					.... , ...	.... , ...		.... , ...
24					.... , ...	.... , ...		.... , ...
25					.... , ...	.... , ...		.... , ...
26					.... , ...	.... , ...		.... , ...
27					.... , ...	.... , ...		.... , ...
28					.... , ...	.... , ...		.... , ...
29					.... , ...	.... , ...		.... , ...
30					.... , ...	.... , ...		.... , ...
							Total	.... , ...

Mois 20

N°	Date	Réf.	Client	Désignation	Dépenses	Recettes	Moyen de paiement	Solde
1					.... , ...	.... , ...		.... , ...
2					.... , ...	.... , ...		.... , ...
3					.... , ...	.... , ...		.... , ...
4					.... , ...	.... , ...		.... , ...
5					.... , ...	.... , ...		.... , ...
6					.... , ...	.... , ...		.... , ...
7					.... , ...	.... , ...		.... , ...
8					.... , ...	.... , ...		.... , ...
9					.... , ...	.... , ...		.... , ...
10					.... , ...	.... , ...		.... , ...
11					.... , ...	.... , ...		.... , ...
12					.... , ...	.... , ...		.... , ...
13					.... , ...	.... , ...		.... , ...
14					.... , ...	.... , ...		.... , ...
15					.... , ...	.... , ...		.... , ...
16					.... , ...	.... , ...		.... , ...
17					.... , ...	.... , ...		.... , ...
18					.... , ...	.... , ...		.... , ...
19					.... , ...	.... , ...		.... , ...
20					.... , ...	.... , ...		.... , ...
21					.... , ...	.... , ...		.... , ...
22					.... , ...	.... , ...		.... , ...
23					.... , ...	.... , ...		.... , ...
24					.... , ...	.... , ...		.... , ...
25					.... , ...	.... , ...		.... , ...
26					.... , ...	.... , ...		.... , ...
27					.... , ...	.... , ...		.... , ...
28					.... , ...	.... , ...		.... , ...
29					.... , ...	.... , ...		.... , ...
30					.... , ...	.... , ...		.... , ...
							Total	.... , ...

Mois 20

N°	Date	Réf.	Client	Désignation	Dépenses	Recettes	Moyen de paiement	Solde
1					.... , ...	.... , ...		.... , ...
2					.... , ...	.... , ...		.... , ...
3					.... , ...	.... , ...		.... , ...
4					.... , ...	.... , ...		.... , ...
5					.... , ...	.... , ...		.... , ...
6					.... , ...	.... , ...		.... , ...
7					.... , ...	.... , ...		.... , ...
8					.... , ...	.... , ...		.... , ...
9					.... , ...	.... , ...		.... , ...
10					.... , ...	.... , ...		.... , ...
11					.... , ...	.... , ...		.... , ...
12					.... , ...	.... , ...		.... , ...
13					.... , ...	.... , ...		.... , ...
14					.... , ...	.... , ...		.... , ...
15					.... , ...	.... , ...		.... , ...
16					.... , ...	.... , ...		.... , ...
17					.... , ...	.... , ...		.... , ...
18					.... , ...	.... , ...		.... , ...
19					.... , ...	.... , ...		.... , ...
20					.... , ...	.... , ...		.... , ...
21					.... , ...	.... , ...		.... , ...
22					.... , ...	.... , ...		.... , ...
23					.... , ...	.... , ...		.... , ...
24					.... , ...	.... , ...		.... , ...
25					.... , ...	.... , ...		.... , ...
26					.... , ...	.... , ...		.... , ...
27					.... , ...	.... , ...		.... , ...
28					.... , ...	.... , ...		.... , ...
29					.... , ...	.... , ...		.... , ...
30					.... , ...	.... , ...		.... , ...
							Total	.... , ...

Mois 20

N°	Date	Réf.	Client	Désignation	Dépenses	Recettes	Moyen de paiement	Solde
1					.... , ...	.... , ...		.... , ...
2					.... , ...	.... , ...		.... , ...
3					.... , ...	.... , ...		.... , ...
4					.... , ...	.... , ...		.... , ...
5					.... , ...	.... , ...		.... , ...
6					.... , ...	.... , ...		.... , ...
7					.... , ...	.... , ...		.... , ...
8					.... , ...	.... , ...		.... , ...
9					.... , ...	.... , ...		.... , ...
10					.... , ...	.... , ...		.... , ...
11					.... , ...	.... , ...		.... , ...
12					.... , ...	.... , ...		.... , ...
13					.... , ...	.... , ...		.... , ...
14					.... , ...	.... , ...		.... , ...
15					.... , ...	.... , ...		.... , ...
16					.... , ...	.... , ...		.... , ...
17					.... , ...	.... , ...		.... , ...
18					.... , ...	.... , ...		.... , ...
19					.... , ...	.... , ...		.... , ...
20					.... , ...	.... , ...		.... , ...
21					.... , ...	.... , ...		.... , ...
22					.... , ...	.... , ...		.... , ...
23					.... , ...	.... , ...		.... , ...
24					.... , ...	.... , ...		.... , ...
25					.... , ...	.... , ...		.... , ...
26					.... , ...	.... , ...		.... , ...
27					.... , ...	.... , ...		.... , ...
28					.... , ...	.... , ...		.... , ...
29					.... , ...	.... , ...		.... , ...
30					.... , ...	.... , ...		.... , ...
							Total	.... , ...

Mois 20

N°	Date	Réf.	Client	Désignation	Dépenses	Recettes	Moyen de paiement	Solde
1					.... , ...	.... , ...		.... , ...
2					.... , ...	.... , ...		.... , ...
3					.... , ...	.... , ...		.... , ...
4					.... , ...	.... , ...		.... , ...
5					.... , ...	.... , ...		.... , ...
6					.... , ...	.... , ...		.... , ...
7					.... , ...	.... , ...		.... , ...
8					.... , ...	.... , ...		.... , ...
9					.... , ...	.... , ...		.... , ...
10					.... , ...	.... , ...		.... , ...
11					.... , ...	.... , ...		.... , ...
12					.... , ...	.... , ...		.... , ...
13					.... , ...	.... , ...		.... , ...
14					.... , ...	.... , ...		.... , ...
15					.... , ...	.... , ...		.... , ...
16					.... , ...	.... , ...		.... , ...
17					.... , ...	.... , ...		.... , ...
18					.... , ...	.... , ...		.... , ...
19					.... , ...	.... , ...		.... , ...
20					.... , ...	.... , ...		.... , ...
21					.... , ...	.... , ...		.... , ...
22					.... , ...	.... , ...		.... , ...
23					.... , ...	.... , ...		.... , ...
24					.... , ...	.... , ...		.... , ...
25					.... , ...	.... , ...		.... , ...
26					.... , ...	.... , ...		.... , ...
27					.... , ...	.... , ...		.... , ...
28					.... , ...	.... , ...		.... , ...
29					.... , ...	.... , ...		.... , ...
30					.... , ...	.... , ...		.... , ...
							Total	.... , ...

Mois 20

N°	Date	Réf.	Client	Désignation	Dépenses	Recettes	Moyen de paiement	Solde
1					.... , ...	.... , ...		.... , ...
2					.... , ...	.... , ...		.... , ...
3					.... , ...	.... , ...		.... , ...
4					.... , ...	.... , ...		.... , ...
5					.... , ...	.... , ...		.... , ...
6					.... , ...	.... , ...		.... , ...
7					.... , ...	.... , ...		.... , ...
8					.... , ...	.... , ...		.... , ...
9					.... , ...	.... , ...		.... , ...
10					.... , ...	.... , ...		.... , ...
11					.... , ...	.... , ...		.... , ...
12					.... , ...	.... , ...		.... , ...
13					.... , ...	.... , ...		.... , ...
14					.... , ...	.... , ...		.... , ...
15					.... , ...	.... , ...		.... , ...
16					.... , ...	.... , ...		.... , ...
17					.... , ...	.... , ...		.... , ...
18					.... , ...	.... , ...		.... , ...
19					.... , ...	.... , ...		.... , ...
20					.... , ...	.... , ...		.... , ...
21					.... , ...	.... , ...		.... , ...
22					.... , ...	.... , ...		.... , ...
23					.... , ...	.... , ...		.... , ...
24					.... , ...	.... , ...		.... , ...
25					.... , ...	.... , ...		.... , ...
26					.... , ...	.... , ...		.... , ...
27					.... , ...	.... , ...		.... , ...
28					.... , ...	.... , ...		.... , ...
29					.... , ...	.... , ...		.... , ...
30					.... , ...	.... , ...		.... , ...
							Total	.... , ...

Mois 20

N°	Date	Réf.	Client	Désignation	Dépenses	Recettes	Moyen de paiement	Solde
1					.... , ...	.... , ...		.... , ...
2					.... , ...	.... , ...		.... , ...
3					.... , ...	.... , ...		.... , ...
4					.... , ...	.... , ...		.... , ...
5					.... , ...	.... , ...		.... , ...
6					.... , ...	.... , ...		.... , ...
7					.... , ...	.... , ...		.... , ...
8					.... , ...	.... , ...		.... , ...
9					.... , ...	.... , ...		.... , ...
10					.... , ...	.... , ...		.... , ...
11					.... , ...	.... , ...		.... , ...
12					.... , ...	.... , ...		.... , ...
13					.... , ...	.... , ...		.... , ...
14					.... , ...	.... , ...		.... , ...
15					.... , ...	.... , ...		.... , ...
16					.... , ...	.... , ...		.... , ...
17					.... , ...	.... , ...		.... , ...
18					.... , ...	.... , ...		.... , ...
19					.... , ...	.... , ...		.... , ...
20					.... , ...	.... , ...		.... , ...
21					.... , ...	.... , ...		.... , ...
22					.... , ...	.... , ...		.... , ...
23					.... , ...	.... , ...		.... , ...
24					.... , ...	.... , ...		.... , ...
25					.... , ...	.... , ...		.... , ...
26					.... , ...	.... , ...		.... , ...
27					.... , ...	.... , ...		.... , ...
28					.... , ...	.... , ...		.... , ...
29					.... , ...	.... , ...		.... , ...
30					.... , ...	.... , ...		.... , ...
							Total	.... , ...

Mois 20

N°	Date	Réf.	Client	Désignation	Dépenses	Recettes	Moyen de paiement	Solde
1					.... , ...	.... , ...		.... , ...
2					.... , ...	.... , ...		.... , ...
3					.... , ...	.... , ...		.... , ...
4					.... , ...	.... , ...		.... , ...
5					.... , ...	.... , ...		.... , ...
6					.... , ...	.... , ...		.... , ...
7					.... , ...	.... , ...		.... , ...
8					.... , ...	.... , ...		.... , ...
9					.... , ...	.... , ...		.... , ...
10					.... , ...	.... , ...		.... , ...
11					.... , ...	.... , ...		.... , ...
12					.... , ...	.... , ...		.... , ...
13					.... , ...	.... , ...		.... , ...
14					.... , ...	.... , ...		.... , ...
15					.... , ...	.... , ...		.... , ...
16					.... , ...	.... , ...		.... , ...
17					.... , ...	.... , ...		.... , ...
18					.... , ...	.... , ...		.... , ...
19					.... , ...	.... , ...		.... , ...
20					.... , ...	.... , ...		.... , ...
21					.... , ...	.... , ...		.... , ...
22					.... , ...	.... , ...		.... , ...
23					.... , ...	.... , ...		.... , ...
24					.... , ...	.... , ...		.... , ...
25					.... , ...	.... , ...		.... , ...
26					.... , ...	.... , ...		.... , ...
27					.... , ...	.... , ...		.... , ...
28					.... , ...	.... , ...		.... , ...
29					.... , ...	.... , ...		.... , ...
30					.... , ...	.... , ...		.... , ...
							Total	.... , ...

Mois 20

N°	Date	Réf.	Client	Désignation	Dépenses	Recettes	Moyen de paiement	Solde
1					.... , ...	.... , ...		.... , ...
2					.... , ...	.... , ...		.... , ...
3					.... , ...	.... , ...		.... , ...
4					.... , ...	.... , ...		.... , ...
5					.... , ...	.... , ...		.... , ...
6					.... , ...	.... , ...		.... , ...
7					.... , ...	.... , ...		.... , ...
8					.... , ...	.... , ...		.... , ...
9					.... , ...	.... , ...		.... , ...
10					.... , ...	.... , ...		.... , ...
11					.... , ...	.... , ...		.... , ...
12					.... , ...	.... , ...		.... , ...
13					.... , ...	.... , ...		.... , ...
14					.... , ...	.... , ...		.... , ...
15					.... , ...	.... , ...		.... , ...
16					.... , ...	.... , ...		.... , ...
17					.... , ...	.... , ...		.... , ...
18					.... , ...	.... , ...		.... , ...
19					.... , ...	.... , ...		.... , ...
20					.... , ...	.... , ...		.... , ...
21					.... , ...	.... , ...		.... , ...
22					.... , ...	.... , ...		.... , ...
23					.... , ...	.... , ...		.... , ...
24					.... , ...	.... , ...		.... , ...
25					.... , ...	.... , ...		.... , ...
26					.... , ...	.... , ...		.... , ...
27					.... , ...	.... , ...		.... , ...
28					.... , ...	.... , ...		.... , ...
29					.... , ...	.... , ...		.... , ...
30					.... , ...	.... , ...		.... , ...
							Total	.... , ...

Mois 20

N°	Date	Réf.	Client	Désignation	Dépenses	Recettes	Moyen de paiement	Solde
1					.... , ...	.... , ...		.... , ...
2					.... , ...	.... , ...		.... , ...
3					.... , ...	.... , ...		.... , ...
4					.... , ...	.... , ...		.... , ...
5					.... , ...	.... , ...		.... , ...
6					.... , ...	.... , ...		.... , ...
7					.... , ...	.... , ...		.... , ...
8					.... , ...	.... , ...		.... , ...
9					.... , ...	.... , ...		.... , ...
10					.... , ...	.... , ...		.... , ...
11					.... , ...	.... , ...		.... , ...
12					.... , ...	.... , ...		.... , ...
13					.... , ...	.... , ...		.... , ...
14					.... , ...	.... , ...		.... , ...
15					.... , ...	.... , ...		.... , ...
16					.... , ...	.... , ...		.... , ...
17					.... , ...	.... , ...		.... , ...
18					.... , ...	.... , ...		.... , ...
19					.... , ...	.... , ...		.... , ...
20					.... , ...	.... , ...		.... , ...
21					.... , ...	.... , ...		.... , ...
22					.... , ...	.... , ...		.... , ...
23					.... , ...	.... , ...		.... , ...
24					.... , ...	.... , ...		.... , ...
25					.... , ...	.... , ...		.... , ...
26					.... , ...	.... , ...		.... , ...
27					.... , ...	.... , ...		.... , ...
28					.... , ...	.... , ...		.... , ...
29					.... , ...	.... , ...		.... , ...
30					.... , ...	.... , ...		.... , ...
							Total	.... , ...

Mois 20

N°	Date	Réf.	Client	Désignation	Dépenses	Recettes	Moyen de paiement	Solde
1					.... , ...	.... , ...		.... , ...
2					.... , ...	.... , ...		.... , ...
3					.... , ...	.... , ...		.... , ...
4					.... , ...	.... , ...		.... , ...
5					.... , ...	.... , ...		.... , ...
6					.... , ...	.... , ...		.... , ...
7					.... , ...	.... , ...		.... , ...
8					.... , ...	.... , ...		.... , ...
9					.... , ...	.... , ...		.... , ...
10					.... , ...	.... , ...		.... , ...
11					.... , ...	.... , ...		.... , ...
12					.... , ...	.... , ...		.... , ...
13					.... , ...	.... , ...		.... , ...
14					.... , ...	.... , ...		.... , ...
15					.... , ...	.... , ...		.... , ...
16					.... , ...	.... , ...		.... , ...
17					.... , ...	.... , ...		.... , ...
18					.... , ...	.... , ...		.... , ...
19					.... , ...	.... , ...		.... , ...
20					.... , ...	.... , ...		.... , ...
21					.... , ...	.... , ...		.... , ...
22					.... , ...	.... , ...		.... , ...
23					.... , ...	.... , ...		.... , ...
24					.... , ...	.... , ...		.... , ...
25					.... , ...	.... , ...		.... , ...
26					.... , ...	.... , ...		.... , ...
27					.... , ...	.... , ...		.... , ...
28					.... , ...	.... , ...		.... , ...
29					.... , ...	.... , ...		.... , ...
30					.... , ...	.... , ...		.... , ...
							Total	.... , ...

Mois 20

N°	Date	Réf.	Client	Désignation	Dépenses	Recettes	Moyen de paiement	Solde
1					.... , ...	.... , ...		.... , ...
2					.... , ...	.... , ...		.... , ...
3					.... , ...	.... , ...		.... , ...
4					.... , ...	.... , ...		.... , ...
5					.... , ...	.... , ...		.... , ...
6					.... , ...	.... , ...		.... , ...
7					.... , ...	.... , ...		.... , ...
8					.... , ...	.... , ...		.... , ...
9					.... , ...	.... , ...		.... , ...
10					.... , ...	.... , ...		.... , ...
11					.... , ...	.... , ...		.... , ...
12					.... , ...	.... , ...		.... , ...
13					.... , ...	.... , ...		.... , ...
14					.... , ...	.... , ...		.... , ...
15					.... , ...	.... , ...		.... , ...
16					.... , ...	.... , ...		.... , ...
17					.... , ...	.... , ...		.... , ...
18					.... , ...	.... , ...		.... , ...
19					.... , ...	.... , ...		.... , ...
20					.... , ...	.... , ...		.... , ...
21					.... , ...	.... , ...		.... , ...
22					.... , ...	.... , ...		.... , ...
23					.... , ...	.... , ...		.... , ...
24					.... , ...	.... , ...		.... , ...
25					.... , ...	.... , ...		.... , ...
26					.... , ...	.... , ...		.... , ...
27					.... , ...	.... , ...		.... , ...
28					.... , ...	.... , ...		.... , ...
29					.... , ...	.... , ...		.... , ...
30					.... , ...	.... , ...		.... , ...
							Total	.... , ...

Mois 20

N°	Date	Réf.	Client	Désignation	Dépenses	Recettes	Moyen de paiement	Solde
1					.... , ...	.... , ...		.... , ...
2					.... , ...	.... , ...		.... , ...
3					.... , ...	.... , ...		.... , ...
4					.... , ...	.... , ...		.... , ...
5					.... , ...	.... , ...		.... , ...
6					.... , ...	.... , ...		.... , ...
7					.... , ...	.... , ...		.... , ...
8					.... , ...	.... , ...		.... , ...
9					.... , ...	.... , ...		.... , ...
10					.... , ...	.... , ...		.... , ...
11					.... , ...	.... , ...		.... , ...
12					.... , ...	.... , ...		.... , ...
13					.... , ...	.... , ...		.... , ...
14					.... , ...	.... , ...		.... , ...
15					.... , ...	.... , ...		.... , ...
16					.... , ...	.... , ...		.... , ...
17					.... , ...	.... , ...		.... , ...
18					.... , ...	.... , ...		.... , ...
19					.... , ...	.... , ...		.... , ...
20					.... , ...	.... , ...		.... , ...
21					.... , ...	.... , ...		.... , ...
22					.... , ...	.... , ...		.... , ...
23					.... , ...	.... , ...		.... , ...
24					.... , ...	.... , ...		.... , ...
25					.... , ...	.... , ...		.... , ...
26					.... , ...	.... , ...		.... , ...
27					.... , ...	.... , ...		.... , ...
28					.... , ...	.... , ...		.... , ...
29					.... , ...	.... , ...		.... , ...
30					.... , ...	.... , ...		.... , ...
							Total	.... , ...

Mois 20

N°	Date	Réf.	Client	Désignation	Dépenses	Recettes	Moyen de paiement	Solde
1					.... , ...	.... , ...		.... , ...
2					.... , ...	.... , ...		.... , ...
3					.... , ...	.... , ...		.... , ...
4					.... , ...	.... , ...		.... , ...
5					.... , ...	.... , ...		.... , ...
6					.... , ...	.... , ...		.... , ...
7					.... , ...	.... , ...		.... , ...
8					.... , ...	.... , ...		.... , ...
9					.... , ...	.... , ...		.... , ...
10					.... , ...	.... , ...		.... , ...
11					.... , ...	.... , ...		.... , ...
12					.... , ...	.... , ...		.... , ...
13					.... , ...	.... , ...		.... , ...
14					.... , ...	.... , ...		.... , ...
15					.... , ...	.... , ...		.... , ...
16					.... , ...	.... , ...		.... , ...
17					.... , ...	.... , ...		.... , ...
18					.... , ...	.... , ...		.... , ...
19					.... , ...	.... , ...		.... , ...
20					.... , ...	.... , ...		.... , ...
21					.... , ...	.... , ...		.... , ...
22					.... , ...	.... , ...		.... , ...
23					.... , ...	.... , ...		.... , ...
24					.... , ...	.... , ...		.... , ...
25					.... , ...	.... , ...		.... , ...
26					.... , ...	.... , ...		.... , ...
27					.... , ...	.... , ...		.... , ...
28					.... , ...	.... , ...		.... , ...
29					.... , ...	.... , ...		.... , ...
30					.... , ...	.... , ...		.... , ...
							Total	.... , ...

Mois 20

N°	Date	Réf.	Client	Désignation	Dépenses	Recettes	Moyen de paiement	Solde
1					.... , ...	.... , ...		.... , ...
2					.... , ...	.... , ...		.... , ...
3					.... , ...	.... , ...		.... , ...
4					.... , ...	.... , ...		.... , ...
5					.... , ...	.... , ...		.... , ...
6					.... , ...	.... , ...		.... , ...
7					.... , ...	.... , ...		.... , ...
8					.... , ...	.... , ...		.... , ...
9					.... , ...	.... , ...		.... , ...
10					.... , ...	.... , ...		.... , ...
11					.... , ...	.... , ...		.... , ...
12					.... , ...	.... , ...		.... , ...
13					.... , ...	.... , ...		.... , ...
14					.... , ...	.... , ...		.... , ...
15					.... , ...	.... , ...		.... , ...
16					.... , ...	.... , ...		.... , ...
17					.... , ...	.... , ...		.... , ...
18					.... , ...	.... , ...		.... , ...
19					.... , ...	.... , ...		.... , ...
20					.... , ...	.... , ...		.... , ...
21					.... , ...	.... , ...		.... , ...
22					.... , ...	.... , ...		.... , ...
23					.... , ...	.... , ...		.... , ...
24					.... , ...	.... , ...		.... , ...
25					.... , ...	.... , ...		.... , ...
26					.... , ...	.... , ...		.... , ...
27					.... , ...	.... , ...		.... , ...
28					.... , ...	.... , ...		.... , ...
29					.... , ...	.... , ...		.... , ...
30					.... , ...	.... , ...		.... , ...
							Total	.... , ...

Mois 20

N°	Date	Réf.	Client	Désignation	Dépenses	Recettes	Moyen de paiement	Solde
1					.... , ...	.... , ...		.... , ...
2					.... , ...	.... , ...		.... , ...
3					.... , ...	.... , ...		.... , ...
4					.... , ...	.... , ...		.... , ...
5					.... , ...	.... , ...		.... , ...
6					.... , ...	.... , ...		.... , ...
7					.... , ...	.... , ...		.... , ...
8					.... , ...	.... , ...		.... , ...
9					.... , ...	.... , ...		.... , ...
10					.... , ...	.... , ...		.... , ...
11					.... , ...	.... , ...		.... , ...
12					.... , ...	.... , ...		.... , ...
13					.... , ...	.... , ...		.... , ...
14					.... , ...	.... , ...		.... , ...
15					.... , ...	.... , ...		.... , ...
16					.... , ...	.... , ...		.... , ...
17					.... , ...	.... , ...		.... , ...
18					.... , ...	.... , ...		.... , ...
19					.... , ...	.... , ...		.... , ...
20					.... , ...	.... , ...		.... , ...
21					.... , ...	.... , ...		.... , ...
22					.... , ...	.... , ...		.... , ...
23					.... , ...	.... , ...		.... , ...
24					.... , ...	.... , ...		.... , ...
25					.... , ...	.... , ...		.... , ...
26					.... , ...	.... , ...		.... , ...
27					.... , ...	.... , ...		.... , ...
28					.... , ...	.... , ...		.... , ...
29					.... , ...	.... , ...		.... , ...
30					.... , ...	.... , ...		.... , ...
							Total	.... , ...

Mois 20

N°	Date	Réf.	Client	Désignation	Dépenses	Recettes	Moyen de paiement	Solde
1					.... , ...	.... , ...		.... , ...
2					.... , ...	.... , ...		.... , ...
3					.... , ...	.... , ...		.... , ...
4					.... , ...	.... , ...		.... , ...
5					.... , ...	.... , ...		.... , ...
6					.... , ...	.... , ...		.... , ...
7					.... , ...	.... , ...		.... , ...
8					.... , ...	.... , ...		.... , ...
9					.... , ...	.... , ...		.... , ...
10					.... , ...	.... , ...		.... , ...
11					.... , ...	.... , ...		.... , ...
12					.... , ...	.... , ...		.... , ...
13					.... , ...	.... , ...		.... , ...
14					.... , ...	.... , ...		.... , ...
15					.... , ...	.... , ...		.... , ...
16					.... , ...	.... , ...		.... , ...
17					.... , ...	.... , ...		.... , ...
18					.... , ...	.... , ...		.... , ...
19					.... , ...	.... , ...		.... , ...
20					.... , ...	.... , ...		.... , ...
21					.... , ...	.... , ...		.... , ...
22					.... , ...	.... , ...		.... , ...
23					.... , ...	.... , ...		.... , ...
24					.... , ...	.... , ...		.... , ...
25					.... , ...	.... , ...		.... , ...
26					.... , ...	.... , ...		.... , ...
27					.... , ...	.... , ...		.... , ...
28					.... , ...	.... , ...		.... , ...
29					.... , ...	.... , ...		.... , ...
30					.... , ...	.... , ...		.... , ...
							Total	.... , ...

Mois 20

N°	Date	Réf.	Client	Désignation	Dépenses	Recettes	Moyen de paiement	Solde
1					.... , ...	.... , ...		.... , ...
2					.... , ...	.... , ...		.... , ...
3					.... , ...	.... , ...		.... , ...
4					.... , ...	.... , ...		.... , ...
5					.... , ...	.... , ...		.... , ...
6					.... , ...	.... , ...		.... , ...
7					.... , ...	.... , ...		.... , ...
8					.... , ...	.... , ...		.... , ...
9					.... , ...	.... , ...		.... , ...
10					.... , ...	.... , ...		.... , ...
11					.... , ...	.... , ...		.... , ...
12					.... , ...	.... , ...		.... , ...
13					.... , ...	.... , ...		.... , ...
14					.... , ...	.... , ...		.... , ...
15					.... , ...	.... , ...		.... , ...
16					.... , ...	.... , ...		.... , ...
17					.... , ...	.... , ...		.... , ...
18					.... , ...	.... , ...		.... , ...
19					.... , ...	.... , ...		.... , ...
20					.... , ...	.... , ...		.... , ...
21					.... , ...	.... , ...		.... , ...
22					.... , ...	.... , ...		.... , ...
23					.... , ...	.... , ...		.... , ...
24					.... , ...	.... , ...		.... , ...
25					.... , ...	.... , ...		.... , ...
26					.... , ...	.... , ...		.... , ...
27					.... , ...	.... , ...		.... , ...
28					.... , ...	.... , ...		.... , ...
29					.... , ...	.... , ...		.... , ...
30					.... , ...	.... , ...		.... , ...
							Total	.... , ...

Mois 20

N°	Date	Réf.	Client	Désignation	Dépenses	Recettes	Moyen de paiement	Solde
1					.... , ...	.... , ...		.... , ...
2					.... , ...	.... , ...		.... , ...
3					.... , ...	.... , ...		.... , ...
4					.... , ...	.... , ...		.... , ...
5					.... , ...	.... , ...		.... , ...
6					.... , ...	.... , ...		.... , ...
7					.... , ...	.... , ...		.... , ...
8					.... , ...	.... , ...		.... , ...
9					.... , ...	.... , ...		.... , ...
10					.... , ...	.... , ...		.... , ...
11					.... , ...	.... , ...		.... , ...
12					.... , ...	.... , ...		.... , ...
13					.... , ...	.... , ...		.... , ...
14					.... , ...	.... , ...		.... , ...
15					.... , ...	.... , ...		.... , ...
16					.... , ...	.... , ...		.... , ...
17					.... , ...	.... , ...		.... , ...
18					.... , ...	.... , ...		.... , ...
19					.... , ...	.... , ...		.... , ...
20					.... , ...	.... , ...		.... , ...
21					.... , ...	.... , ...		.... , ...
22					.... , ...	.... , ...		.... , ...
23					.... , ...	.... , ...		.... , ...
24					.... , ...	.... , ...		.... , ...
25					.... , ...	.... , ...		.... , ...
26					.... , ...	.... , ...		.... , ...
27					.... , ...	.... , ...		.... , ...
28					.... , ...	.... , ...		.... , ...
29					.... , ...	.... , ...		.... , ...
30					.... , ...	.... , ...		.... , ...
							Total	.... , ...

Mois 20

N°	Date	Réf.	Client	Désignation	Dépenses	Recettes	Moyen de paiement	Solde
1					.... , ...	.... , ...		.... , ...
2					.... , ...	.... , ...		.... , ...
3					.... , ...	.... , ...		.... , ...
4					.... , ...	.... , ...		.... , ...
5					.... , ...	.... , ...		.... , ...
6					.... , ...	.... , ...		.... , ...
7					.... , ...	.... , ...		.... , ...
8					.... , ...	.... , ...		.... , ...
9					.... , ...	.... , ...		.... , ...
10					.... , ...	.... , ...		.... , ...
11					.... , ...	.... , ...		.... , ...
12					.... , ...	.... , ...		.... , ...
13					.... , ...	.... , ...		.... , ...
14					.... , ...	.... , ...		.... , ...
15					.... , ...	.... , ...		.... , ...
16					.... , ...	.... , ...		.... , ...
17					.... , ...	.... , ...		.... , ...
18					.... , ...	.... , ...		.... , ...
19					.... , ...	.... , ...		.... , ...
20					.... , ...	.... , ...		.... , ...
21					.... , ...	.... , ...		.... , ...
22					.... , ...	.... , ...		.... , ...
23					.... , ...	.... , ...		.... , ...
24					.... , ...	.... , ...		.... , ...
25					.... , ...	.... , ...		.... , ...
26					.... , ...	.... , ...		.... , ...
27					.... , ...	.... , ...		.... , ...
28					.... , ...	.... , ...		.... , ...
29					.... , ...	.... , ...		.... , ...
30					.... , ...	.... , ...		.... , ...
							Total	.... , ...

Mois 20

N°	Date	Réf.	Client	Désignation	Dépenses	Recettes	Moyen de paiement	Solde
1					.... , ...	.... , ...		.... , ...
2					.... , ...	.... , ...		.... , ...
3					.... , ...	.... , ...		.... , ...
4					.... , ...	.... , ...		.... , ...
5					.... , ...	.... , ...		.... , ...
6					.... , ...	.... , ...		.... , ...
7					.... , ...	.... , ...		.... , ...
8					.... , ...	.... , ...		.... , ...
9					.... , ...	.... , ...		.... , ...
10					.... , ...	.... , ...		.... , ...
11					.... , ...	.... , ...		.... , ...
12					.... , ...	.... , ...		.... , ...
13					.... , ...	.... , ...		.... , ...
14					.... , ...	.... , ...		.... , ...
15					.... , ...	.... , ...		.... , ...
16					.... , ...	.... , ...		.... , ...
17					.... , ...	.... , ...		.... , ...
18					.... , ...	.... , ...		.... , ...
19					.... , ...	.... , ...		.... , ...
20					.... , ...	.... , ...		.... , ...
21					.... , ...	.... , ...		.... , ...
22					.... , ...	.... , ...		.... , ...
23					.... , ...	.... , ...		.... , ...
24					.... , ...	.... , ...		.... , ...
25					.... , ...	.... , ...		.... , ...
26					.... , ...	.... , ...		.... , ...
27					.... , ...	.... , ...		.... , ...
28					.... , ...	.... , ...		.... , ...
29					.... , ...	.... , ...		.... , ...
30					.... , ...	.... , ...		.... , ...
							Total	.... , ...

Mois 20

N°	Date	Réf.	Client	Désignation	Dépenses	Recettes	Moyen de paiement	Solde
1					.... , ...	.... , ...		.... , ...
2					.... , ...	.... , ...		.... , ...
3					.... , ...	.... , ...		.... , ...
4					.... , ...	.... , ...		.... , ...
5					.... , ...	.... , ...		.... , ...
6					.... , ...	.... , ...		.... , ...
7					.... , ...	.... , ...		.... , ...
8					.... , ...	.... , ...		.... , ...
9					.... , ...	.... , ...		.... , ...
10					.... , ...	.... , ...		.... , ...
11					.... , ...	.... , ...		.... , ...
12					.... , ...	.... , ...		.... , ...
13					.... , ...	.... , ...		.... , ...
14					.... , ...	.... , ...		.... , ...
15					.... , ...	.... , ...		.... , ...
16					.... , ...	.... , ...		.... , ...
17					.... , ...	.... , ...		.... , ...
18					.... , ...	.... , ...		.... , ...
19					.... , ...	.... , ...		.... , ...
20					.... , ...	.... , ...		.... , ...
21					.... , ...	.... , ...		.... , ...
22					.... , ...	.... , ...		.... , ...
23					.... , ...	.... , ...		.... , ...
24					.... , ...	.... , ...		.... , ...
25					.... , ...	.... , ...		.... , ...
26					.... , ...	.... , ...		.... , ...
27					.... , ...	.... , ...		.... , ...
28					.... , ...	.... , ...		.... , ...
29					.... , ...	.... , ...		.... , ...
30					.... , ...	.... , ...		.... , ...
							Total	.... , ...

Mois 20

N°	Date	Réf.	Client	Désignation	Dépenses	Recettes	Moyen de paiement	Solde
1					.... , ...	.... , ...		.... , ...
2					.... , ...	.... , ...		.... , ...
3					.... , ...	.... , ...		.... , ...
4					.... , ...	.... , ...		.... , ...
5					.... , ...	.... , ...		.... , ...
6					.... , ...	.... , ...		.... , ...
7					.... , ...	.... , ...		.... , ...
8					.... , ...	.... , ...		.... , ...
9					.... , ...	.... , ...		.... , ...
10					.... , ...	.... , ...		.... , ...
11					.... , ...	.... , ...		.... , ...
12					.... , ...	.... , ...		.... , ...
13					.... , ...	.... , ...		.... , ...
14					.... , ...	.... , ...		.... , ...
15					.... , ...	.... , ...		.... , ...
16					.... , ...	.... , ...		.... , ...
17					.... , ...	.... , ...		.... , ...
18					.... , ...	.... , ...		.... , ...
19					.... , ...	.... , ...		.... , ...
20					.... , ...	.... , ...		.... , ...
21					.... , ...	.... , ...		.... , ...
22					.... , ...	.... , ...		.... , ...
23					.... , ...	.... , ...		.... , ...
24					.... , ...	.... , ...		.... , ...
25					.... , ...	.... , ...		.... , ...
26					.... , ...	.... , ...		.... , ...
27					.... , ...	.... , ...		.... , ...
28					.... , ...	.... , ...		.... , ...
29					.... , ...	.... , ...		.... , ...
30					.... , ...	.... , ...		.... , ...
							Total	.... , ...

Mois 20

N°	Date	Réf.	Client	Désignation	Dépenses	Recettes	Moyen de paiement	Solde
1					.... , ...	.... , ...		.... , ...
2					.... , ...	.... , ...		.... , ...
3					.... , ...	.... , ...		.... , ...
4					.... , ...	.... , ...		.... , ...
5					.... , ...	.... , ...		.... , ...
6					.... , ...	.... , ...		.... , ...
7					.... , ...	.... , ...		.... , ...
8					.... , ...	.... , ...		.... , ...
9					.... , ...	.... , ...		.... , ...
10					.... , ...	.... , ...		.... , ...
11					.... , ...	.... , ...		.... , ...
12					.... , ...	.... , ...		.... , ...
13					.... , ...	.... , ...		.... , ...
14					.... , ...	.... , ...		.... , ...
15					.... , ...	.... , ...		.... , ...
16					.... , ...	.... , ...		.... , ...
17					.... , ...	.... , ...		.... , ...
18					.... , ...	.... , ...		.... , ...
19					.... , ...	.... , ...		.... , ...
20					.... , ...	.... , ...		.... , ...
21					.... , ...	.... , ...		.... , ...
22					.... , ...	.... , ...		.... , ...
23					.... , ...	.... , ...		.... , ...
24					.... , ...	.... , ...		.... , ...
25					.... , ...	.... , ...		.... , ...
26					.... , ...	.... , ...		.... , ...
27					.... , ...	.... , ...		.... , ...
28					.... , ...	.... , ...		.... , ...
29					.... , ...	.... , ...		.... , ...
30					.... , ...	.... , ...		.... , ...
							Total	.... , ...

Mois 20

N°	Date	Réf.	Client	Désignation	Dépenses	Recettes	Moyen de paiement	Solde
1					.... , ...	.... , ...		.... , ...
2					.... , ...	.... , ...		.... , ...
3					.... , ...	.... , ...		.... , ...
4					.... , ...	.... , ...		.... , ...
5					.... , ...	.... , ...		.... , ...
6					.... , ...	.... , ...		.... , ...
7					.... , ...	.... , ...		.... , ...
8					.... , ...	.... , ...		.... , ...
9					.... , ...	.... , ...		.... , ...
10					.... , ...	.... , ...		.... , ...
11					.... , ...	.... , ...		.... , ...
12					.... , ...	.... , ...		.... , ...
13					.... , ...	.... , ...		.... , ...
14					.... , ...	.... , ...		.... , ...
15					.... , ...	.... , ...		.... , ...
16					.... , ...	.... , ...		.... , ...
17					.... , ...	.... , ...		.... , ...
18					.... , ...	.... , ...		.... , ...
19					.... , ...	.... , ...		.... , ...
20					.... , ...	.... , ...		.... , ...
21					.... , ...	.... , ...		.... , ...
22					.... , ...	.... , ...		.... , ...
23					.... , ...	.... , ...		.... , ...
24					.... , ...	.... , ...		.... , ...
25					.... , ...	.... , ...		.... , ...
26					.... , ...	.... , ...		.... , ...
27					.... , ...	.... , ...		.... , ...
28					.... , ...	.... , ...		.... , ...
29					.... , ...	.... , ...		.... , ...
30					.... , ...	.... , ...		.... , ...
							Total	.... , ...

Mois 20

N°	Date	Réf.	Client	Désignation	Dépenses	Recettes	Moyen de paiement	Solde
1					.... , ...	.... , ...		.... , ...
2					.... , ...	.... , ...		.... , ...
3					.... , ...	.... , ...		.... , ...
4					.... , ...	.... , ...		.... , ...
5					.... , ...	.... , ...		.... , ...
6					.... , ...	.... , ...		.... , ...
7					.... , ...	.... , ...		.... , ...
8					.... , ...	.... , ...		.... , ...
9					.... , ...	.... , ...		.... , ...
10					.... , ...	.... , ...		.... , ...
11					.... , ...	.... , ...		.... , ...
12					.... , ...	.... , ...		.... , ...
13					.... , ...	.... , ...		.... , ...
14					.... , ...	.... , ...		.... , ...
15					.... , ...	.... , ...		.... , ...
16					.... , ...	.... , ...		.... , ...
17					.... , ...	.... , ...		.... , ...
18					.... , ...	.... , ...		.... , ...
19					.... , ...	.... , ...		.... , ...
20					.... , ...	.... , ...		.... , ...
21					.... , ...	.... , ...		.... , ...
22					.... , ...	.... , ...		.... , ...
23					.... , ...	.... , ...		.... , ...
24					.... , ...	.... , ...		.... , ...
25					.... , ...	.... , ...		.... , ...
26					.... , ...	.... , ...		.... , ...
27					.... , ...	.... , ...		.... , ...
28					.... , ...	.... , ...		.... , ...
29					.... , ...	.... , ...		.... , ...
30					.... , ...	.... , ...		.... , ...
							Total	.... , ...

Mois 20

N°	Date	Réf.	Client	Désignation	Dépenses	Recettes	Moyen de paiement	Solde
1					.... , ...	.... , ...		.... , ...
2					.... , ...	.... , ...		.... , ...
3					.... , ...	.... , ...		.... , ...
4					.... , ...	.... , ...		.... , ...
5					.... , ...	.... , ...		.... , ...
6					.... , ...	.... , ...		.... , ...
7					.... , ...	.... , ...		.... , ...
8					.... , ...	.... , ...		.... , ...
9					.... , ...	.... , ...		.... , ...
10					.... , ...	.... , ...		.... , ...
11					.... , ...	.... , ...		.... , ...
12					.... , ...	.... , ...		.... , ...
13					.... , ...	.... , ...		.... , ...
14					.... , ...	.... , ...		.... , ...
15					.... , ...	.... , ...		.... , ...
16					.... , ...	.... , ...		.... , ...
17					.... , ...	.... , ...		.... , ...
18					.... , ...	.... , ...		.... , ...
19					.... , ...	.... , ...		.... , ...
20					.... , ...	.... , ...		.... , ...
21					.... , ...	.... , ...		.... , ...
22					.... , ...	.... , ...		.... , ...
23					.... , ...	.... , ...		.... , ...
24					.... , ...	.... , ...		.... , ...
25					.... , ...	.... , ...		.... , ...
26					.... , ...	.... , ...		.... , ...
27					.... , ...	.... , ...		.... , ...
28					.... , ...	.... , ...		.... , ...
29					.... , ...	.... , ...		.... , ...
30					.... , ...	.... , ...		.... , ...
							Total	.... , ...

Mois 20

N°	Date	Réf.	Client	Désignation	Dépenses	Recettes	Moyen de paiement	Solde
1					.... , ...	.... , ...		.... , ...
2					.... , ...	.... , ...		.... , ...
3					.... , ...	.... , ...		.... , ...
4					.... , ...	.... , ...		.... , ...
5					.... , ...	.... , ...		.... , ...
6					.... , ...	.... , ...		.... , ...
7					.... , ...	.... , ...		.... , ...
8					.... , ...	.... , ...		.... , ...
9					.... , ...	.... , ...		.... , ...
10					.... , ...	.... , ...		.... , ...
11					.... , ...	.... , ...		.... , ...
12					.... , ...	.... , ...		.... , ...
13					.... , ...	.... , ...		.... , ...
14					.... , ...	.... , ...		.... , ...
15					.... , ...	.... , ...		.... , ...
16					.... , ...	.... , ...		.... , ...
17					.... , ...	.... , ...		.... , ...
18					.... , ...	.... , ...		.... , ...
19					.... , ...	.... , ...		.... , ...
20					.... , ...	.... , ...		.... , ...
21					.... , ...	.... , ...		.... , ...
22					.... , ...	.... , ...		.... , ...
23					.... , ...	.... , ...		.... , ...
24					.... , ...	.... , ...		.... , ...
25					.... , ...	.... , ...		.... , ...
26					.... , ...	.... , ...		.... , ...
27					.... , ...	.... , ...		.... , ...
28					.... , ...	.... , ...		.... , ...
29					.... , ...	.... , ...		.... , ...
30					.... , ...	.... , ...		.... , ...

Total	.... , ...

Mois 20

N°	Date	Réf.	Client	Désignation	Dépenses	Recettes	Moyen de paiement	Solde
1					.... , ...	.... , ...		.... , ...
2					.... , ...	.... , ...		.... , ...
3					.... , ...	.... , ...		.... , ...
4					.... , ...	.... , ...		.... , ...
5					.... , ...	.... , ...		.... , ...
6					.... , ...	.... , ...		.... , ...
7					.... , ...	.... , ...		.... , ...
8					.... , ...	.... , ...		.... , ...
9					.... , ...	.... , ...		.... , ...
10					.... , ...	.... , ...		.... , ...
11					.... , ...	.... , ...		.... , ...
12					.... , ...	.... , ...		.... , ...
13					.... , ...	.... , ...		.... , ...
14					.... , ...	.... , ...		.... , ...
15					.... , ...	.... , ...		.... , ...
16					.... , ...	.... , ...		.... , ...
17					.... , ...	.... , ...		.... , ...
18					.... , ...	.... , ...		.... , ...
19					.... , ...	.... , ...		.... , ...
20					.... , ...	.... , ...		.... , ...
21					.... , ...	.... , ...		.... , ...
22					.... , ...	.... , ...		.... , ...
23					.... , ...	.... , ...		.... , ...
24					.... , ...	.... , ...		.... , ...
25					.... , ...	.... , ...		.... , ...
26					.... , ...	.... , ...		.... , ...
27					.... , ...	.... , ...		.... , ...
28					.... , ...	.... , ...		.... , ...
29					.... , ...	.... , ...		.... , ...
30					.... , ...	.... , ...		.... , ...
							Total	.... , ...

Mois 20

N°	Date	Réf.	Client	Désignation	Dépenses	Recettes	Moyen de paiement	Solde
1					.... , ...	.... , ...		.... , ...
2					.... , ...	.... , ...		.... , ...
3					.... , ...	.... , ...		.... , ...
4					.... , ...	.... , ...		.... , ...
5					.... , ...	.... , ...		.... , ...
6					.... , ...	.... , ...		.... , ...
7					.... , ...	.... , ...		.... , ...
8					.... , ...	.... , ...		.... , ...
9					.... , ...	.... , ...		.... , ...
10					.... , ...	.... , ...		.... , ...
11					.... , ...	.... , ...		.... , ...
12					.... , ...	.... , ...		.... , ...
13					.... , ...	.... , ...		.... , ...
14					.... , ...	.... , ...		.... , ...
15					.... , ...	.... , ...		.... , ...
16					.... , ...	.... , ...		.... , ...
17					.... , ...	.... , ...		.... , ...
18					.... , ...	.... , ...		.... , ...
19					.... , ...	.... , ...		.... , ...
20					.... , ...	.... , ...		.... , ...
21					.... , ...	.... , ...		.... , ...
22					.... , ...	.... , ...		.... , ...
23					.... , ...	.... , ...		.... , ...
24					.... , ...	.... , ...		.... , ...
25					.... , ...	.... , ...		.... , ...
26					.... , ...	.... , ...		.... , ...
27					.... , ...	.... , ...		.... , ...
28					.... , ...	.... , ...		.... , ...
29					.... , ...	.... , ...		.... , ...
30					.... , ...	.... , ...		.... , ...
							Total	.... , ...

Mois **20**

N°	Date	Réf.	Client	Désignation	Dépenses	Recettes	Moyen de paiement	Solde
1					.... , ...	.... , ...		.... , ...
2					.... , ...	.... , ...		.... , ...
3					.... , ...	.... , ...		.... , ...
4					.... , ...	.... , ...		.... , ...
5					.... , ...	.... , ...		.... , ...
6					.... , ...	.... , ...		.... , ...
7					.... , ...	.... , ...		.... , ...
8					.... , ...	.... , ...		.... , ...
9					.... , ...	.... , ...		.... , ...
10					.... , ...	.... , ...		.... , ...
11					.... , ...	.... , ...		.... , ...
12					.... , ...	.... , ...		.... , ...
13					.... , ...	.... , ...		.... , ...
14					.... , ...	.... , ...		.... , ...
15					.... , ...	.... , ...		.... , ...
16					.... , ...	.... , ...		.... , ...
17					.... , ...	.... , ...		.... , ...
18					.... , ...	.... , ...		.... , ...
19					.... , ...	.... , ...		.... , ...
20					.... , ...	.... , ...		.... , ...
21					.... , ...	.... , ...		.... , ...
22					.... , ...	.... , ...		.... , ...
23					.... , ...	.... , ...		.... , ...
24					.... , ...	.... , ...		.... , ...
25					.... , ...	.... , ...		.... , ...
26					.... , ...	.... , ...		.... , ...
27					.... , ...	.... , ...		.... , ...
28					.... , ...	.... , ...		.... , ...
29					.... , ...	.... , ...		.... , ...
30					.... , ...	.... , ...		.... , ...
							Total	.... , ...

Mois 20

N°	Date	Réf.	Client	Désignation	Dépenses	Recettes	Moyen de paiement	Solde
1					.... , ...	.... , ...		.... , ...
2					.... , ...	.... , ...		.... , ...
3					.... , ...	.... , ...		.... , ...
4					.... , ...	.... , ...		.... , ...
5					.... , ...	.... , ...		.... , ...
6					.... , ...	.... , ...		.... , ...
7					.... , ...	.... , ...		.... , ...
8					.... , ...	.... , ...		.... , ...
9					.... , ...	.... , ...		.... , ...
10					.... , ...	.... , ...		.... , ...
11					.... , ...	.... , ...		.... , ...
12					.... , ...	.... , ...		.... , ...
13					.... , ...	.... , ...		.... , ...
14					.... , ...	.... , ...		.... , ...
15					.... , ...	.... , ...		.... , ...
16					.... , ...	.... , ...		.... , ...
17					.... , ...	.... , ...		.... , ...
18					.... , ...	.... , ...		.... , ...
19					.... , ...	.... , ...		.... , ...
20					.... , ...	.... , ...		.... , ...
21					.... , ...	.... , ...		.... , ...
22					.... , ...	.... , ...		.... , ...
23					.... , ...	.... , ...		.... , ...
24					.... , ...	.... , ...		.... , ...
25					.... , ...	.... , ...		.... , ...
26					.... , ...	.... , ...		.... , ...
27					.... , ...	.... , ...		.... , ...
28					.... , ...	.... , ...		.... , ...
29					.... , ...	.... , ...		.... , ...
30					.... , ...	.... , ...		.... , ...
							Total	.... , ...

Mois 20

N°	Date	Réf.	Client	Désignation	Dépenses	Recettes	Moyen de paiement	Solde
1					.... , ...	.... , ...		.... , ...
2					.... , ...	.... , ...		.... , ...
3					.... , ...	.... , ...		.... , ...
4					.... , ...	.... , ...		.... , ...
5					.... , ...	.... , ...		.... , ...
6					.... , ...	.... , ...		.... , ...
7					.... , ...	.... , ...		.... , ...
8					.... , ...	.... , ...		.... , ...
9					.... , ...	.... , ...		.... , ...
10					.... , ...	.... , ...		.... , ...
11					.... , ...	.... , ...		.... , ...
12					.... , ...	.... , ...		.... , ...
13					.... , ...	.... , ...		.... , ...
14					.... , ...	.... , ...		.... , ...
15					.... , ...	.... , ...		.... , ...
16					.... , ...	.... , ...		.... , ...
17					.... , ...	.... , ...		.... , ...
18					.... , ...	.... , ...		.... , ...
19					.... , ...	.... , ...		.... , ...
20					.... , ...	.... , ...		.... , ...
21					.... , ...	.... , ...		.... , ...
22					.... , ...	.... , ...		.... , ...
23					.... , ...	.... , ...		.... , ...
24					.... , ...	.... , ...		.... , ...
25					.... , ...	.... , ...		.... , ...
26					.... , ...	.... , ...		.... , ...
27					.... , ...	.... , ...		.... , ...
28					.... , ...	.... , ...		.... , ...
29					.... , ...	.... , ...		.... , ...
30					.... , ...	.... , ...		.... , ...
							Total	.... , ...

Mois 20

N°	Date	Réf.	Client	Désignation	Dépenses	Recettes	Moyen de paiement	Solde
1					.... , ...	.... , ...		.... , ...
2					.... , ...	.... , ...		.... , ...
3					.... , ...	.... , ...		.... , ...
4					.... , ...	.... , ...		.... , ...
5					.... , ...	.... , ...		.... , ...
6					.... , ...	.... , ...		.... , ...
7					.... , ...	.... , ...		.... , ...
8					.... , ...	.... , ...		.... , ...
9					.... , ...	.... , ...		.... , ...
10					.... , ...	.... , ...		.... , ...
11					.... , ...	.... , ...		.... , ...
12					.... , ...	.... , ...		.... , ...
13					.... , ...	.... , ...		.... , ...
14					.... , ...	.... , ...		.... , ...
15					.... , ...	.... , ...		.... , ...
16					.... , ...	.... , ...		.... , ...
17					.... , ...	.... , ...		.... , ...
18					.... , ...	.... , ...		.... , ...
19					.... , ...	.... , ...		.... , ...
20					.... , ...	.... , ...		.... , ...
21					.... , ...	.... , ...		.... , ...
22					.... , ...	.... , ...		.... , ...
23					.... , ...	.... , ...		.... , ...
24					.... , ...	.... , ...		.... , ...
25					.... , ...	.... , ...		.... , ...
26					.... , ...	.... , ...		.... , ...
27					.... , ...	.... , ...		.... , ...
28					.... , ...	.... , ...		.... , ...
29					.... , ...	.... , ...		.... , ...
30					.... , ...	.... , ...		.... , ...
							Total	.... , ...

Mois 20

N°	Date	Réf.	Client	Désignation	Dépenses	Recettes	Moyen de paiement	Solde
1					.... , ...	.... , ...		.... , ...
2					.... , ...	.... , ...		.... , ...
3					.... , ...	.... , ...		.... , ...
4					.... , ...	.... , ...		.... , ...
5					.... , ...	.... , ...		.... , ...
6					.... , ...	.... , ...		.... , ...
7					.... , ...	.... , ...		.... , ...
8					.... , ...	.... , ...		.... , ...
9					.... , ...	.... , ...		.... , ...
10					.... , ...	.... , ...		.... , ...
11					.... , ...	.... , ...		.... , ...
12					.... , ...	.... , ...		.... , ...
13					.... , ...	.... , ...		.... , ...
14					.... , ...	.... , ...		.... , ...
15					.... , ...	.... , ...		.... , ...
16					.... , ...	.... , ...		.... , ...
17					.... , ...	.... , ...		.... , ...
18					.... , ...	.... , ...		.... , ...
19					.... , ...	.... , ...		.... , ...
20					.... , ...	.... , ...		.... , ...
21					.... , ...	.... , ...		.... , ...
22					.... , ...	.... , ...		.... , ...
23					.... , ...	.... , ...		.... , ...
24					.... , ...	.... , ...		.... , ...
25					.... , ...	.... , ...		.... , ...
26					.... , ...	.... , ...		.... , ...
27					.... , ...	.... , ...		.... , ...
28					.... , ...	.... , ...		.... , ...
29					.... , ...	.... , ...		.... , ...
30					.... , ...	.... , ...		.... , ...
							Total	.... , ...

Mois 20

N°	Date	Réf.	Client	Désignation	Dépenses	Recettes	Moyen de paiement	Solde
1					.... , ...	.... , ...		.... , ...
2					.... , ...	.... , ...		.... , ...
3					.... , ...	.... , ...		.... , ...
4					.... , ...	.... , ...		.... , ...
5					.... , ...	.... , ...		.... , ...
6					.... , ...	.... , ...		.... , ...
7					.... , ...	.... , ...		.... , ...
8					.... , ...	.... , ...		.... , ...
9					.... , ...	.... , ...		.... , ...
10					.... , ...	.... , ...		.... , ...
11					.... , ...	.... , ...		.... , ...
12					.... , ...	.... , ...		.... , ...
13					.... , ...	.... , ...		.... , ...
14					.... , ...	.... , ...		.... , ...
15					.... , ...	.... , ...		.... , ...
16					.... , ...	.... , ...		.... , ...
17					.... , ...	.... , ...		.... , ...
18					.... , ...	.... , ...		.... , ...
19					.... , ...	.... , ...		.... , ...
20					.... , ...	.... , ...		.... , ...
21					.... , ...	.... , ...		.... , ...
22					.... , ...	.... , ...		.... , ...
23					.... , ...	.... , ...		.... , ...
24					.... , ...	.... , ...		.... , ...
25					.... , ...	.... , ...		.... , ...
26					.... , ...	.... , ...		.... , ...
27					.... , ...	.... , ...		.... , ...
28					.... , ...	.... , ...		.... , ...
29					.... , ...	.... , ...		.... , ...
30					.... , ...	.... , ...		.... , ...
							Total	.... , ...

Mois 20

N°	Date	Réf.	Client	Désignation	Dépenses	Recettes	Moyen de paiement	Solde
1					.... , ...	.... , ...		.... , ...
2					.... , ...	.... , ...		.... , ...
3					.... , ...	.... , ...		.... , ...
4					.... , ...	.... , ...		.... , ...
5					.... , ...	.... , ...		.... , ...
6					.... , ...	.... , ...		.... , ...
7					.... , ...	.... , ...		.... , ...
8					.... , ...	.... , ...		.... , ...
9					.... , ...	.... , ...		.... , ...
10					.... , ...	.... , ...		.... , ...
11					.... , ...	.... , ...		.... , ...
12					.... , ...	.... , ...		.... , ...
13					.... , ...	.... , ...		.... , ...
14					.... , ...	.... , ...		.... , ...
15					.... , ...	.... , ...		.... , ...
16					.... , ...	.... , ...		.... , ...
17					.... , ...	.... , ...		.... , ...
18					.... , ...	.... , ...		.... , ...
19					.... , ...	.... , ...		.... , ...
20					.... , ...	.... , ...		.... , ...
21					.... , ...	.... , ...		.... , ...
22					.... , ...	.... , ...		.... , ...
23					.... , ...	.... , ...		.... , ...
24					.... , ...	.... , ...		.... , ...
25					.... , ...	.... , ...		.... , ...
26					.... , ...	.... , ...		.... , ...
27					.... , ...	.... , ...		.... , ...
28					.... , ...	.... , ...		.... , ...
29					.... , ...	.... , ...		.... , ...
30					.... , ...	.... , ...		.... , ...
							Total	.... , ...

Mois 20

N°	Date	Réf.	Client	Désignation	Dépenses	Recettes	Moyen de paiement	Solde
1					.... , ...	.... , ...		.... , ...
2					.... , ...	.... , ...		.... , ...
3					.... , ...	.... , ...		.... , ...
4					.... , ...	.... , ...		.... , ...
5					.... , ...	.... , ...		.... , ...
6					.... , ...	.... , ...		.... , ...
7					.... , ...	.... , ...		.... , ...
8					.... , ...	.... , ...		.... , ...
9					.... , ...	.... , ...		.... , ...
10					.... , ...	.... , ...		.... , ...
11					.... , ...	.... , ...		.... , ...
12					.... , ...	.... , ...		.... , ...
13					.... , ...	.... , ...		.... , ...
14					.... , ...	.... , ...		.... , ...
15					.... , ...	.... , ...		.... , ...
16					.... , ...	.... , ...		.... , ...
17					.... , ...	.... , ...		.... , ...
18					.... , ...	.... , ...		.... , ...
19					.... , ...	.... , ...		.... , ...
20					.... , ...	.... , ...		.... , ...
21					.... , ...	.... , ...		.... , ...
22					.... , ...	.... , ...		.... , ...
23					.... , ...	.... , ...		.... , ...
24					.... , ...	.... , ...		.... , ...
25					.... , ...	.... , ...		.... , ...
26					.... , ...	.... , ...		.... , ...
27					.... , ...	.... , ...		.... , ...
28					.... , ...	.... , ...		.... , ...
29					.... , ...	.... , ...		.... , ...
30					.... , ...	.... , ...		.... , ...
							Total	.... , ...

Mois 20

N°	Date	Réf.	Client	Désignation	Dépenses	Recettes	Moyen de paiement	Solde
1					.... , ...	.... , ...		.... , ...
2					.... , ...	.... , ...		.... , ...
3					.... , ...	.... , ...		.... , ...
4					.... , ...	.... , ...		.... , ...
5					.... , ...	.... , ...		.... , ...
6					.... , ...	.... , ...		.... , ...
7					.... , ...	.... , ...		.... , ...
8					.... , ...	.... , ...		.... , ...
9					.... , ...	.... , ...		.... , ...
10					.... , ...	.... , ...		.... , ...
11					.... , ...	.... , ...		.... , ...
12					.... , ...	.... , ...		.... , ...
13					.... , ...	.... , ...		.... , ...
14					.... , ...	.... , ...		.... , ...
15					.... , ...	.... , ...		.... , ...
16					.... , ...	.... , ...		.... , ...
17					.... , ...	.... , ...		.... , ...
18					.... , ...	.... , ...		.... , ...
19					.... , ...	.... , ...		.... , ...
20					.... , ...	.... , ...		.... , ...
21					.... , ...	.... , ...		.... , ...
22					.... , ...	.... , ...		.... , ...
23					.... , ...	.... , ...		.... , ...
24					.... , ...	.... , ...		.... , ...
25					.... , ...	.... , ...		.... , ...
26					.... , ...	.... , ...		.... , ...
27					.... , ...	.... , ...		.... , ...
28					.... , ...	.... , ...		.... , ...
29					.... , ...	.... , ...		.... , ...
30					.... , ...	.... , ...		.... , ...
							Total	.... , ...

Mois 20

N°	Date	Réf.	Client	Désignation	Dépenses	Recettes	Moyen de paiement	Solde
1					.... , ...	.... , ...		.... , ...
2					.... , ...	.... , ...		.... , ...
3					.... , ...	.... , ...		.... , ...
4					.... , ...	.... , ...		.... , ...
5					.... , ...	.... , ...		.... , ...
6					.... , ...	.... , ...		.... , ...
7					.... , ...	.... , ...		.... , ...
8					.... , ...	.... , ...		.... , ...
9					.... , ...	.... , ...		.... , ...
10					.... , ...	.... , ...		.... , ...
11					.... , ...	.... , ...		.... , ...
12					.... , ...	.... , ...		.... , ...
13					.... , ...	.... , ...		.... , ...
14					.... , ...	.... , ...		.... , ...
15					.... , ...	.... , ...		.... , ...
16					.... , ...	.... , ...		.... , ...
17					.... , ...	.... , ...		.... , ...
18					.... , ...	.... , ...		.... , ...
19					.... , ...	.... , ...		.... , ...
20					.... , ...	.... , ...		.... , ...
21					.... , ...	.... , ...		.... , ...
22					.... , ...	.... , ...		.... , ...
23					.... , ...	.... , ...		.... , ...
24					.... , ...	.... , ...		.... , ...
25					.... , ...	.... , ...		.... , ...
26					.... , ...	.... , ...		.... , ...
27					.... , ...	.... , ...		.... , ...
28					.... , ...	.... , ...		.... , ...
29					.... , ...	.... , ...		.... , ...
30					.... , ...	.... , ...		.... , ...
							Total	.... , ...

Mois 20

N°	Date	Réf.	Client	Désignation	Dépenses	Recettes	Moyen de paiement	Solde
1					.... , ...	.... , ...		.... , ...
2					.... , ...	.... , ...		.... , ...
3					.... , ...	.... , ...		.... , ...
4					.... , ...	.... , ...		.... , ...
5					.... , ...	.... , ...		.... , ...
6					.... , ...	.... , ...		.... , ...
7					.... , ...	.... , ...		.... , ...
8					.... , ...	.... , ...		.... , ...
9					.... , ...	.... , ...		.... , ...
10					.... , ...	.... , ...		.... , ...
11					.... , ...	.... , ...		.... , ...
12					.... , ...	.... , ...		.... , ...
13					.... , ...	.... , ...		.... , ...
14					.... , ...	.... , ...		.... , ...
15					.... , ...	.... , ...		.... , ...
16					.... , ...	.... , ...		.... , ...
17					.... , ...	.... , ...		.... , ...
18					.... , ...	.... , ...		.... , ...
19					.... , ...	.... , ...		.... , ...
20					.... , ...	.... , ...		.... , ...
21					.... , ...	.... , ...		.... , ...
22					.... , ...	.... , ...		.... , ...
23					.... , ...	.... , ...		.... , ...
24					.... , ...	.... , ...		.... , ...
25					.... , ...	.... , ...		.... , ...
26					.... , ...	.... , ...		.... , ...
27					.... , ...	.... , ...		.... , ...
28					.... , ...	.... , ...		.... , ...
29					.... , ...	.... , ...		.... , ...
30					.... , ...	.... , ...		.... , ...
							Total	.... , ...

Mois 20

N°	Date	Réf.	Client	Désignation	Dépenses	Recettes	Moyen de paiement	Solde
1					.... , ...	.... , ...		.... , ...
2					.... , ...	.... , ...		.... , ...
3					.... , ...	.... , ...		.... , ...
4					.... , ...	.... , ...		.... , ...
5					.... , ...	.... , ...		.... , ...
6					.... , ...	.... , ...		.... , ...
7					.... , ...	.... , ...		.... , ...
8					.... , ...	.... , ...		.... , ...
9					.... , ...	.... , ...		.... , ...
10					.... , ...	.... , ...		.... , ...
11					.... , ...	.... , ...		.... , ...
12					.... , ...	.... , ...		.... , ...
13					.... , ...	.... , ...		.... , ...
14					.... , ...	.... , ...		.... , ...
15					.... , ...	.... , ...		.... , ...
16					.... , ...	.... , ...		.... , ...
17					.... , ...	.... , ...		.... , ...
18					.... , ...	.... , ...		.... , ...
19					.... , ...	.... , ...		.... , ...
20					.... , ...	.... , ...		.... , ...
21					.... , ...	.... , ...		.... , ...
22					.... , ...	.... , ...		.... , ...
23					.... , ...	.... , ...		.... , ...
24					.... , ...	.... , ...		.... , ...
25					.... , ...	.... , ...		.... , ...
26					.... , ...	.... , ...		.... , ...
27					.... , ...	.... , ...		.... , ...
28					.... , ...	.... , ...		.... , ...
29					.... , ...	.... , ...		.... , ...
30					.... , ...	.... , ...		.... , ...
							Total	.... , ...

Mois 20

N°	Date	Réf.	Client	Désignation	Dépenses	Recettes	Moyen de paiement	Solde
1					.... , ...	.... , ...		.... , ...
2					.... , ...	.... , ...		.... , ...
3					.... , ...	.... , ...		.... , ...
4					.... , ...	.... , ...		.... , ...
5					.... , ...	.... , ...		.... , ...
6					.... , ...	.... , ...		.... , ...
7					.... , ...	.... , ...		.... , ...
8					.... , ...	.... , ...		.... , ...
9					.... , ...	.... , ...		.... , ...
10					.... , ...	.... , ...		.... , ...
11					.... , ...	.... , ...		.... , ...
12					.... , ...	.... , ...		.... , ...
13					.... , ...	.... , ...		.... , ...
14					.... , ...	.... , ...		.... , ...
15					.... , ...	.... , ...		.... , ...
16					.... , ...	.... , ...		.... , ...
17					.... , ...	.... , ...		.... , ...
18					.... , ...	.... , ...		.... , ...
19					.... , ...	.... , ...		.... , ...
20					.... , ...	.... , ...		.... , ...
21					.... , ...	.... , ...		.... , ...
22					.... , ...	.... , ...		.... , ...
23					.... , ...	.... , ...		.... , ...
24					.... , ...	.... , ...		.... , ...
25					.... , ...	.... , ...		.... , ...
26					.... , ...	.... , ...		.... , ...
27					.... , ...	.... , ...		.... , ...
28					.... , ...	.... , ...		.... , ...
29					.... , ...	.... , ...		.... , ...
30					.... , ...	.... , ...		.... , ...
							Total	.... , ...

Mois 20

N°	Date	Réf.	Client	Désignation	Dépenses	Recettes	Moyen de paiement	Solde
1					.... , ...	.... , ...		.... , ...
2					.... , ...	.... , ...		.... , ...
3					.... , ...	.... , ...		.... , ...
4					.... , ...	.... , ...		.... , ...
5					.... , ...	.... , ...		.... , ...
6					.... , ...	.... , ...		.... , ...
7					.... , ...	.... , ...		.... , ...
8					.... , ...	.... , ...		.... , ...
9					.... , ...	.... , ...		.... , ...
10					.... , ...	.... , ...		.... , ...
11					.... , ...	.... , ...		.... , ...
12					.... , ...	.... , ...		.... , ...
13					.... , ...	.... , ...		.... , ...
14					.... , ...	.... , ...		.... , ...
15					.... , ...	.... , ...		.... , ...
16					.... , ...	.... , ...		.... , ...
17					.... , ...	.... , ...		.... , ...
18					.... , ...	.... , ...		.... , ...
19					.... , ...	.... , ...		.... , ...
20					.... , ...	.... , ...		.... , ...
21					.... , ...	.... , ...		.... , ...
22					.... , ...	.... , ...		.... , ...
23					.... , ...	.... , ...		.... , ...
24					.... , ...	.... , ...		.... , ...
25					.... , ...	.... , ...		.... , ...
26					.... , ...	.... , ...		.... , ...
27					.... , ...	.... , ...		.... , ...
28					.... , ...	.... , ...		.... , ...
29					.... , ...	.... , ...		.... , ...
30					.... , ...	.... , ...		.... , ...
							Total	.... , ...

Mois 20

N°	Date	Réf.	Client	Désignation	Dépenses	Recettes	Moyen de paiement	Solde
1					.... , ...	.... , ...		.... , ...
2					.... , ...	.... , ...		.... , ...
3					.... , ...	.... , ...		.... , ...
4					.... , ...	.... , ...		.... , ...
5					.... , ...	.... , ...		.... , ...
6					.... , ...	.... , ...		.... , ...
7					.... , ...	.... , ...		.... , ...
8					.... , ...	.... , ...		.... , ...
9					.... , ...	.... , ...		.... , ...
10					.... , ...	.... , ...		.... , ...
11					.... , ...	.... , ...		.... , ...
12					.... , ...	.... , ...		.... , ...
13					.... , ...	.... , ...		.... , ...
14					.... , ...	.... , ...		.... , ...
15					.... , ...	.... , ...		.... , ...
16					.... , ...	.... , ...		.... , ...
17					.... , ...	.... , ...		.... , ...
18					.... , ...	.... , ...		.... , ...
19					.... , ...	.... , ...		.... , ...
20					.... , ...	.... , ...		.... , ...
21					.... , ...	.... , ...		.... , ...
22					.... , ...	.... , ...		.... , ...
23					.... , ...	.... , ...		.... , ...
24					.... , ...	.... , ...		.... , ...
25					.... , ...	.... , ...		.... , ...
26					.... , ...	.... , ...		.... , ...
27					.... , ...	.... , ...		.... , ...
28					.... , ...	.... , ...		.... , ...
29					.... , ...	.... , ...		.... , ...
30					.... , ...	.... , ...		.... , ...
							Total	.... , ...

Mois 20

N°	Date	Réf.	Client	Désignation	Dépenses	Recettes	Moyen de paiement	Solde
1					.... , ...	.... , ...		.... , ...
2					.... , ...	.... , ...		.... , ...
3					.... , ...	.... , ...		.... , ...
4					.... , ...	.... , ...		.... , ...
5					.... , ...	.... , ...		.... , ...
6					.... , ...	.... , ...		.... , ...
7					.... , ...	.... , ...		.... , ...
8					.... , ...	.... , ...		.... , ...
9					.... , ...	.... , ...		.... , ...
10					.... , ...	.... , ...		.... , ...
11					.... , ...	.... , ...		.... , ...
12					.... , ...	.... , ...		.... , ...
13					.... , ...	.... , ...		.... , ...
14					.... , ...	.... , ...		.... , ...
15					.... , ...	.... , ...		.... , ...
16					.... , ...	.... , ...		.... , ...
17					.... , ...	.... , ...		.... , ...
18					.... , ...	.... , ...		.... , ...
19					.... , ...	.... , ...		.... , ...
20					.... , ...	.... , ...		.... , ...
21					.... , ...	.... , ...		.... , ...
22					.... , ...	.... , ...		.... , ...
23					.... , ...	.... , ...		.... , ...
24					.... , ...	.... , ...		.... , ...
25					.... , ...	.... , ...		.... , ...
26					.... , ...	.... , ...		.... , ...
27					.... , ...	.... , ...		.... , ...
28					.... , ...	.... , ...		.... , ...
29					.... , ...	.... , ...		.... , ...
30					.... , ...	.... , ...		.... , ...
							Total	.... , ...

Mois 20

N°	Date	Réf.	Client	Désignation	Dépenses	Recettes	Moyen de paiement	Solde
1					.... , ...	.... , ...		.... , ...
2					.... , ...	.... , ...		.... , ...
3					.... , ...	.... , ...		.... , ...
4					.... , ...	.... , ...		.... , ...
5					.... , ...	.... , ...		.... , ...
6					.... , ...	.... , ...		.... , ...
7					.... , ...	.... , ...		.... , ...
8					.... , ...	.... , ...		.... , ...
9					.... , ...	.... , ...		.... , ...
10					.... , ...	.... , ...		.... , ...
11					.... , ...	.... , ...		.... , ...
12					.... , ...	.... , ...		.... , ...
13					.... , ...	.... , ...		.... , ...
14					.... , ...	.... , ...		.... , ...
15					.... , ...	.... , ...		.... , ...
16					.... , ...	.... , ...		.... , ...
17					.... , ...	.... , ...		.... , ...
18					.... , ...	.... , ...		.... , ...
19					.... , ...	.... , ...		.... , ...
20					.... , ...	.... , ...		.... , ...
21					.... , ...	.... , ...		.... , ...
22					.... , ...	.... , ...		.... , ...
23					.... , ...	.... , ...		.... , ...
24					.... , ...	.... , ...		.... , ...
25					.... , ...	.... , ...		.... , ...
26					.... , ...	.... , ...		.... , ...
27					.... , ...	.... , ...		.... , ...
28					.... , ...	.... , ...		.... , ...
29					.... , ...	.... , ...		.... , ...
30					.... , ...	.... , ...		.... , ...
							Total	.... , ...

Mois 20

N°	Date	Réf.	Client	Désignation	Dépenses	Recettes	Moyen de paiement	Solde
1					.... , ...	.... , ...		.... , ...
2					.... , ...	.... , ...		.... , ...
3					.... , ...	.... , ...		.... , ...
4					.... , ...	.... , ...		.... , ...
5					.... , ...	.... , ...		.... , ...
6					.... , ...	.... , ...		.... , ...
7					.... , ...	.... , ...		.... , ...
8					.... , ...	.... , ...		.... , ...
9					.... , ...	.... , ...		.... , ...
10					.... , ...	.... , ...		.... , ...
11					.... , ...	.... , ...		.... , ...
12					.... , ...	.... , ...		.... , ...
13					.... , ...	.... , ...		.... , ...
14					.... , ...	.... , ...		.... , ...
15					.... , ...	.... , ...		.... , ...
16					.... , ...	.... , ...		.... , ...
17					.... , ...	.... , ...		.... , ...
18					.... , ...	.... , ...		.... , ...
19					.... , ...	.... , ...		.... , ...
20					.... , ...	.... , ...		.... , ...
21					.... , ...	.... , ...		.... , ...
22					.... , ...	.... , ...		.... , ...
23					.... , ...	.... , ...		.... , ...
24					.... , ...	.... , ...		.... , ...
25					.... , ...	.... , ...		.... , ...
26					.... , ...	.... , ...		.... , ...
27					.... , ...	.... , ...		.... , ...
28					.... , ...	.... , ...		.... , ...
29					.... , ...	.... , ...		.... , ...
30					.... , ...	.... , ...		.... , ...
							Total	.... , ...

Mois 20

N°	Date	Réf.	Client	Désignation	Dépenses	Recettes	Moyen de paiement	Solde
1					.... , ...	.... , ...		.... , ...
2					.... , ...	.... , ...		.... , ...
3					.... , ...	.... , ...		.... , ...
4					.... , ...	.... , ...		.... , ...
5					.... , ...	.... , ...		.... , ...
6					.... , ...	.... , ...		.... , ...
7					.... , ...	.... , ...		.... , ...
8					.... , ...	.... , ...		.... , ...
9					.... , ...	.... , ...		.... , ...
10					.... , ...	.... , ...		.... , ...
11					.... , ...	.... , ...		.... , ...
12					.... , ...	.... , ...		.... , ...
13					.... , ...	.... , ...		.... , ...
14					.... , ...	.... , ...		.... , ...
15					.... , ...	.... , ...		.... , ...
16					.... , ...	.... , ...		.... , ...
17					.... , ...	.... , ...		.... , ...
18					.... , ...	.... , ...		.... , ...
19					.... , ...	.... , ...		.... , ...
20					.... , ...	.... , ...		.... , ...
21					.... , ...	.... , ...		.... , ...
22					.... , ...	.... , ...		.... , ...
23					.... , ...	.... , ...		.... , ...
24					.... , ...	.... , ...		.... , ...
25					.... , ...	.... , ...		.... , ...
26					.... , ...	.... , ...		.... , ...
27					.... , ...	.... , ...		.... , ...
28					.... , ...	.... , ...		.... , ...
29					.... , ...	.... , ...		.... , ...
30					.... , ...	.... , ...		.... , ...
							Total	.... , ...

Mois 20

N°	Date	Réf.	Client	Désignation	Dépenses	Recettes	Moyen de paiement	Solde
1					.... , ...	.... , ...		.... , ...
2					.... , ...	.... , ...		.... , ...
3					.... , ...	.... , ...		.... , ...
4					.... , ...	.... , ...		.... , ...
5					.... , ...	.... , ...		.... , ...
6					.... , ...	.... , ...		.... , ...
7					.... , ...	.... , ...		.... , ...
8					.... , ...	.... , ...		.... , ...
9					.... , ...	.... , ...		.... , ...
10					.... , ...	.... , ...		.... , ...
11					.... , ...	.... , ...		.... , ...
12					.... , ...	.... , ...		.... , ...
13					.... , ...	.... , ...		.... , ...
14					.... , ...	.... , ...		.... , ...
15					.... , ...	.... , ...		.... , ...
16					.... , ...	.... , ...		.... , ...
17					.... , ...	.... , ...		.... , ...
18					.... , ...	.... , ...		.... , ...
19					.... , ...	.... , ...		.... , ...
20					.... , ...	.... , ...		.... , ...
21					.... , ...	.... , ...		.... , ...
22					.... , ...	.... , ...		.... , ...
23					.... , ...	.... , ...		.... , ...
24					.... , ...	.... , ...		.... , ...
25					.... , ...	.... , ...		.... , ...
26					.... , ...	.... , ...		.... , ...
27					.... , ...	.... , ...		.... , ...
28					.... , ...	.... , ...		.... , ...
29					.... , ...	.... , ...		.... , ...
30					.... , ...	.... , ...		.... , ...
							Total	.... , ...

Mois 20

N°	Date	Réf.	Client	Désignation	Dépenses	Recettes	Moyen de paiement	Solde
1					.... , ...	.... , ...		.... , ...
2					.... , ...	.... , ...		.... , ...
3					.... , ...	.... , ...		.... , ...
4					.... , ...	.... , ...		.... , ...
5					.... , ...	.... , ...		.... , ...
6					.... , ...	.... , ...		.... , ...
7					.... , ...	.... , ...		.... , ...
8					.... , ...	.... , ...		.... , ...
9					.... , ...	.... , ...		.... , ...
10					.... , ...	.... , ...		.... , ...
11					.... , ...	.... , ...		.... , ...
12					.... , ...	.... , ...		.... , ...
13					.... , ...	.... , ...		.... , ...
14					.... , ...	.... , ...		.... , ...
15					.... , ...	.... , ...		.... , ...
16					.... , ...	.... , ...		.... , ...
17					.... , ...	.... , ...		.... , ...
18					.... , ...	.... , ...		.... , ...
19					.... , ...	.... , ...		.... , ...
20					.... , ...	.... , ...		.... , ...
21					.... , ...	.... , ...		.... , ...
22					.... , ...	.... , ...		.... , ...
23					.... , ...	.... , ...		.... , ...
24					.... , ...	.... , ...		.... , ...
25					.... , ...	.... , ...		.... , ...
26					.... , ...	.... , ...		.... , ...
27					.... , ...	.... , ...		.... , ...
28					.... , ...	.... , ...		.... , ...
29					.... , ...	.... , ...		.... , ...
30					.... , ...	.... , ...		.... , ...

Total	.... , ...

Mois 20

N°	Date	Réf.	Client	Désignation	Dépenses	Recettes	Moyen de paiement	Solde
1					.... , ...	.... , ...		.... , ...
2					.... , ...	.... , ...		.... , ...
3					.... , ...	.... , ...		.... , ...
4					.... , ...	.... , ...		.... , ...
5					.... , ...	.... , ...		.... , ...
6					.... , ...	.... , ...		.... , ...
7					.... , ...	.... , ...		.... , ...
8					.... , ...	.... , ...		.... , ...
9					.... , ...	.... , ...		.... , ...
10					.... , ...	.... , ...		.... , ...
11					.... , ...	.... , ...		.... , ...
12					.... , ...	.... , ...		.... , ...
13					.... , ...	.... , ...		.... , ...
14					.... , ...	.... , ...		.... , ...
15					.... , ...	.... , ...		.... , ...
16					.... , ...	.... , ...		.... , ...
17					.... , ...	.... , ...		.... , ...
18					.... , ...	.... , ...		.... , ...
19					.... , ...	.... , ...		.... , ...
20					.... , ...	.... , ...		.... , ...
21					.... , ...	.... , ...		.... , ...
22					.... , ...	.... , ...		.... , ...
23					.... , ...	.... , ...		.... , ...
24					.... , ...	.... , ...		.... , ...
25					.... , ...	.... , ...		.... , ...
26					.... , ...	.... , ...		.... , ...
27					.... , ...	.... , ...		.... , ...
28					.... , ...	.... , ...		.... , ...
29					.... , ...	.... , ...		.... , ...
30					.... , ...	.... , ...		.... , ...
							Total	.... , ...

Mois 20

N°	Date	Réf.	Client	Désignation	Dépenses	Recettes	Moyen de paiement	Solde
1					.... , ...	.... , ...		.... , ...
2					.... , ...	.... , ...		.... , ...
3					.... , ...	.... , ...		.... , ...
4					.... , ...	.... , ...		.... , ...
5					.... , ...	.... , ...		.... , ...
6					.... , ...	.... , ...		.... , ...
7					.... , ...	.... , ...		.... , ...
8					.... , ...	.... , ...		.... , ...
9					.... , ...	.... , ...		.... , ...
10					.... , ...	.... , ...		.... , ...
11					.... , ...	.... , ...		.... , ...
12					.... , ...	.... , ...		.... , ...
13					.... , ...	.... , ...		.... , ...
14					.... , ...	.... , ...		.... , ...
15					.... , ...	.... , ...		.... , ...
16					.... , ...	.... , ...		.... , ...
17					.... , ...	.... , ...		.... , ...
18					.... , ...	.... , ...		.... , ...
19					.... , ...	.... , ...		.... , ...
20					.... , ...	.... , ...		.... , ...
21					.... , ...	.... , ...		.... , ...
22					.... , ...	.... , ...		.... , ...
23					.... , ...	.... , ...		.... , ...
24					.... , ...	.... , ...		.... , ...
25					.... , ...	.... , ...		.... , ...
26					.... , ...	.... , ...		.... , ...
27					.... , ...	.... , ...		.... , ...
28					.... , ...	.... , ...		.... , ...
29					.... , ...	.... , ...		.... , ...
30					.... , ...	.... , ...		.... , ...
							Total	.... , ...

Mois 20

N°	Date	Réf.	Client	Désignation	Dépenses	Recettes	Moyen de paiement	Solde
1					.... , ...	.... , ...		.... , ...
2					.... , ...	.... , ...		.... , ...
3					.... , ...	.... , ...		.... , ...
4					.... , ...	.... , ...		.... , ...
5					.... , ...	.... , ...		.... , ...
6					.... , ...	.... , ...		.... , ...
7					.... , ...	.... , ...		.... , ...
8					.... , ...	.... , ...		.... , ...
9					.... , ...	.... , ...		.... , ...
10					.... , ...	.... , ...		.... , ...
11					.... , ...	.... , ...		.... , ...
12					.... , ...	.... , ...		.... , ...
13					.... , ...	.... , ...		.... , ...
14					.... , ...	.... , ...		.... , ...
15					.... , ...	.... , ...		.... , ...
16					.... , ...	.... , ...		.... , ...
17					.... , ...	.... , ...		.... , ...
18					.... , ...	.... , ...		.... , ...
19					.... , ...	.... , ...		.... , ...
20					.... , ...	.... , ...		.... , ...
21					.... , ...	.... , ...		.... , ...
22					.... , ...	.... , ...		.... , ...
23					.... , ...	.... , ...		.... , ...
24					.... , ...	.... , ...		.... , ...
25					.... , ...	.... , ...		.... , ...
26					.... , ...	.... , ...		.... , ...
27					.... , ...	.... , ...		.... , ...
28					.... , ...	.... , ...		.... , ...
29					.... , ...	.... , ...		.... , ...
30					.... , ...	.... , ...		.... , ...
							Total	.... , ...

Mois 20

N°	Date	Réf.	Client	Désignation	Dépenses	Recettes	Moyen de paiement	Solde
1					.... , ...	.... , ...		.... , ...
2					.... , ...	.... , ...		.... , ...
3					.... , ...	.... , ...		.... , ...
4					.... , ...	.... , ...		.... , ...
5					.... , ...	.... , ...		.... , ...
6					.... , ...	.... , ...		.... , ...
7					.... , ...	.... , ...		.... , ...
8					.... , ...	.... , ...		.... , ...
9					.... , ...	.... , ...		.... , ...
10					.... , ...	.... , ...		.... , ...
11					.... , ...	.... , ...		.... , ...
12					.... , ...	.... , ...		.... , ...
13					.... , ...	.... , ...		.... , ...
14					.... , ...	.... , ...		.... , ...
15					.... , ...	.... , ...		.... , ...
16					.... , ...	.... , ...		.... , ...
17					.... , ...	.... , ...		.... , ...
18					.... , ...	.... , ...		.... , ...
19					.... , ...	.... , ...		.... , ...
20					.... , ...	.... , ...		.... , ...
21					.... , ...	.... , ...		.... , ...
22					.... , ...	.... , ...		.... , ...
23					.... , ...	.... , ...		.... , ...
24					.... , ...	.... , ...		.... , ...
25					.... , ...	.... , ...		.... , ...
26					.... , ...	.... , ...		.... , ...
27					.... , ...	.... , ...		.... , ...
28					.... , ...	.... , ...		.... , ...
29					.... , ...	.... , ...		.... , ...
30					.... , ...	.... , ...		.... , ...
							Total	.... , ...

Mois 20

N°	Date	Réf.	Client	Désignation	Dépenses	Recettes	Moyen de paiement	Solde
1					.... , ...	.... , ...		.... , ...
2					.... , ...	.... , ...		.... , ...
3					.... , ...	.... , ...		.... , ...
4					.... , ...	.... , ...		.... , ...
5					.... , ...	.... , ...		.... , ...
6					.... , ...	.... , ...		.... , ...
7					.... , ...	.... , ...		.... , ...
8					.... , ...	.... , ...		.... , ...
9					.... , ...	.... , ...		.... , ...
10					.... , ...	.... , ...		.... , ...
11					.... , ...	.... , ...		.... , ...
12					.... , ...	.... , ...		.... , ...
13					.... , ...	.... , ...		.... , ...
14					.... , ...	.... , ...		.... , ...
15					.... , ...	.... , ...		.... , ...
16					.... , ...	.... , ...		.... , ...
17					.... , ...	.... , ...		.... , ...
18					.... , ...	.... , ...		.... , ...
19					.... , ...	.... , ...		.... , ...
20					.... , ...	.... , ...		.... , ...
21					.... , ...	.... , ...		.... , ...
22					.... , ...	.... , ...		.... , ...
23					.... , ...	.... , ...		.... , ...
24					.... , ...	.... , ...		.... , ...
25					.... , ...	.... , ...		.... , ...
26					.... , ...	.... , ...		.... , ...
27					.... , ...	.... , ...		.... , ...
28					.... , ...	.... , ...		.... , ...
29					.... , ...	.... , ...		.... , ...
30					.... , ...	.... , ...		.... , ...
							Total	.... , ...

Mois 20

N°	Date	Réf.	Client	Désignation	Dépenses	Recettes	Moyen de paiement	Solde
1					.... , ...	.... , ...		.... , ...
2					.... , ...	.... , ...		.... , ...
3					.... , ...	.... , ...		.... , ...
4					.... , ...	.... , ...		.... , ...
5					.... , ...	.... , ...		.... , ...
6					.... , ...	.... , ...		.... , ...
7					.... , ...	.... , ...		.... , ...
8					.... , ...	.... , ...		.... , ...
9					.... , ...	.... , ...		.... , ...
10					.... , ...	.... , ...		.... , ...
11					.... , ...	.... , ...		.... , ...
12					.... , ...	.... , ...		.... , ...
13					.... , ...	.... , ...		.... , ...
14					.... , ...	.... , ...		.... , ...
15					.... , ...	.... , ...		.... , ...
16					.... , ...	.... , ...		.... , ...
17					.... , ...	.... , ...		.... , ...
18					.... , ...	.... , ...		.... , ...
19					.... , ...	.... , ...		.... , ...
20					.... , ...	.... , ...		.... , ...
21					.... , ...	.... , ...		.... , ...
22					.... , ...	.... , ...		.... , ...
23					.... , ...	.... , ...		.... , ...
24					.... , ...	.... , ...		.... , ...
25					.... , ...	.... , ...		.... , ...
26					.... , ...	.... , ...		.... , ...
27					.... , ...	.... , ...		.... , ...
28					.... , ...	.... , ...		.... , ...
29					.... , ...	.... , ...		.... , ...
30					.... , ...	.... , ...		.... , ...
							Total	.... , ...

Mois 20

N°	Date	Réf.	Client	Désignation	Dépenses	Recettes	Moyen de paiement	Solde
1					.... , ...	.... , ...		.... , ...
2					.... , ...	.... , ...		.... , ...
3					.... , ...	.... , ...		.... , ...
4					.... , ...	.... , ...		.... , ...
5					.... , ...	.... , ...		.... , ...
6					.... , ...	.... , ...		.... , ...
7					.... , ...	.... , ...		.... , ...
8					.... , ...	.... , ...		.... , ...
9					.... , ...	.... , ...		.... , ...
10					.... , ...	.... , ...		.... , ...
11					.... , ...	.... , ...		.... , ...
12					.... , ...	.... , ...		.... , ...
13					.... , ...	.... , ...		.... , ...
14					.... , ...	.... , ...		.... , ...
15					.... , ...	.... , ...		.... , ...
16					.... , ...	.... , ...		.... , ...
17					.... , ...	.... , ...		.... , ...
18					.... , ...	.... , ...		.... , ...
19					.... , ...	.... , ...		.... , ...
20					.... , ...	.... , ...		.... , ...
21					.... , ...	.... , ...		.... , ...
22					.... , ...	.... , ...		.... , ...
23					.... , ...	.... , ...		.... , ...
24					.... , ...	.... , ...		.... , ...
25					.... , ...	.... , ...		.... , ...
26					.... , ...	.... , ...		.... , ...
27					.... , ...	.... , ...		.... , ...
28					.... , ...	.... , ...		.... , ...
29					.... , ...	.... , ...		.... , ...
30					.... , ...	.... , ...		.... , ...
							Total	.... , ...

Mois 20

N°	Date	Réf.	Client	Désignation	Dépenses	Recettes	Moyen de paiement	Solde
1					.... , ...	.... , ...		.... , ...
2					.... , ...	.... , ...		.... , ...
3					.... , ...	.... , ...		.... , ...
4					.... , ...	.... , ...		.... , ...
5					.... , ...	.... , ...		.... , ...
6					.... , ...	.... , ...		.... , ...
7					.... , ...	.... , ...		.... , ...
8					.... , ...	.... , ...		.... , ...
9					.... , ...	.... , ...		.... , ...
10					.... , ...	.... , ...		.... , ...
11					.... , ...	.... , ...		.... , ...
12					.... , ...	.... , ...		.... , ...
13					.... , ...	.... , ...		.... , ...
14					.... , ...	.... , ...		.... , ...
15					.... , ...	.... , ...		.... , ...
16					.... , ...	.... , ...		.... , ...
17					.... , ...	.... , ...		.... , ...
18					.... , ...	.... , ...		.... , ...
19					.... , ...	.... , ...		.... , ...
20					.... , ...	.... , ...		.... , ...
21					.... , ...	.... , ...		.... , ...
22					.... , ...	.... , ...		.... , ...
23					.... , ...	.... , ...		.... , ...
24					.... , ...	.... , ...		.... , ...
25					.... , ...	.... , ...		.... , ...
26					.... , ...	.... , ...		.... , ...
27					.... , ...	.... , ...		.... , ...
28					.... , ...	.... , ...		.... , ...
29					.... , ...	.... , ...		.... , ...
30					.... , ...	.... , ...		.... , ...
							Total	.... , ...

Mois 20

N°	Date	Réf.	Client	Désignation	Dépenses	Recettes	Moyen de paiement	Solde
1					.... , ...	.... , ...		.... , ...
2					.... , ...	.... , ...		.... , ...
3					.... , ...	.... , ...		.... , ...
4					.... , ...	.... , ...		.... , ...
5					.... , ...	.... , ...		.... , ...
6					.... , ...	.... , ...		.... , ...
7					.... , ...	.... , ...		.... , ...
8					.... , ...	.... , ...		.... , ...
9					.... , ...	.... , ...		.... , ...
10					.... , ...	.... , ...		.... , ...
11					.... , ...	.... , ...		.... , ...
12					.... , ...	.... , ...		.... , ...
13					.... , ...	.... , ...		.... , ...
14					.... , ...	.... , ...		.... , ...
15					.... , ...	.... , ...		.... , ...
16					.... , ...	.... , ...		.... , ...
17					.... , ...	.... , ...		.... , ...
18					.... , ...	.... , ...		.... , ...
19					.... , ...	.... , ...		.... , ...
20					.... , ...	.... , ...		.... , ...
21					.... , ...	.... , ...		.... , ...
22					.... , ...	.... , ...		.... , ...
23					.... , ...	.... , ...		.... , ...
24					.... , ...	.... , ...		.... , ...
25					.... , ...	.... , ...		.... , ...
26					.... , ...	.... , ...		.... , ...
27					.... , ...	.... , ...		.... , ...
28					.... , ...	.... , ...		.... , ...
29					.... , ...	.... , ...		.... , ...
30					.... , ...	.... , ...		.... , ...
							Total	.... , ...

Mois 20

N°	Date	Réf.	Client	Désignation	Dépenses	Recettes	Moyen de paiement	Solde
1					.... , ...	.... , ...		.... , ...
2					.... , ...	.... , ...		.... , ...
3					.... , ...	.... , ...		.... , ...
4					.... , ...	.... , ...		.... , ...
5					.... , ...	.... , ...		.... , ...
6					.... , ...	.... , ...		.... , ...
7					.... , ...	.... , ...		.... , ...
8					.... , ...	.... , ...		.... , ...
9					.... , ...	.... , ...		.... , ...
10					.... , ...	.... , ...		.... , ...
11					.... , ...	.... , ...		.... , ...
12					.... , ...	.... , ...		.... , ...
13					.... , ...	.... , ...		.... , ...
14					.... , ...	.... , ...		.... , ...
15					.... , ...	.... , ...		.... , ...
16					.... , ...	.... , ...		.... , ...
17					.... , ...	.... , ...		.... , ...
18					.... , ...	.... , ...		.... , ...
19					.... , ...	.... , ...		.... , ...
20					.... , ...	.... , ...		.... , ...
21					.... , ...	.... , ...		.... , ...
22					.... , ...	.... , ...		.... , ...
23					.... , ...	.... , ...		.... , ...
24					.... , ...	.... , ...		.... , ...
25					.... , ...	.... , ...		.... , ...
26					.... , ...	.... , ...		.... , ...
27					.... , ...	.... , ...		.... , ...
28					.... , ...	.... , ...		.... , ...
29					.... , ...	.... , ...		.... , ...
30					.... , ...	.... , ...		.... , ...
							Total	.... , ...

Mois 20

N°	Date	Réf.	Client	Désignation	Dépenses	Recettes	Moyen de paiement	Solde
1					.... , ...	.... , ...		.... , ...
2					.... , ...	.... , ...		.... , ...
3					.... , ...	.... , ...		.... , ...
4					.... , ...	.... , ...		.... , ...
5					.... , ...	.... , ...		.... , ...
6					.... , ...	.... , ...		.... , ...
7					.... , ...	.... , ...		.... , ...
8					.... , ...	.... , ...		.... , ...
9					.... , ...	.... , ...		.... , ...
10					.... , ...	.... , ...		.... , ...
11					.... , ...	.... , ...		.... , ...
12					.... , ...	.... , ...		.... , ...
13					.... , ...	.... , ...		.... , ...
14					.... , ...	.... , ...		.... , ...
15					.... , ...	.... , ...		.... , ...
16					.... , ...	.... , ...		.... , ...
17					.... , ...	.... , ...		.... , ...
18					.... , ...	.... , ...		.... , ...
19					.... , ...	.... , ...		.... , ...
20					.... , ...	.... , ...		.... , ...
21					.... , ...	.... , ...		.... , ...
22					.... , ...	.... , ...		.... , ...
23					.... , ...	.... , ...		.... , ...
24					.... , ...	.... , ...		.... , ...
25					.... , ...	.... , ...		.... , ...
26					.... , ...	.... , ...		.... , ...
27					.... , ...	.... , ...		.... , ...
28					.... , ...	.... , ...		.... , ...
29					.... , ...	.... , ...		.... , ...
30					.... , ...	.... , ...		.... , ...
							Total	.... , ...

Mois 20

N°	Date	Réf.	Client	Désignation	Dépenses	Recettes	Moyen de paiement	Solde
1					.... , ...	.... , ...		.... , ...
2					.... , ...	.... , ...		.... , ...
3					.... , ...	.... , ...		.... , ...
4					.... , ...	.... , ...		.... , ...
5					.... , ...	.... , ...		.... , ...
6					.... , ...	.... , ...		.... , ...
7					.... , ...	.... , ...		.... , ...
8					.... , ...	.... , ...		.... , ...
9					.... , ...	.... , ...		.... , ...
10					.... , ...	.... , ...		.... , ...
11					.... , ...	.... , ...		.... , ...
12					.... , ...	.... , ...		.... , ...
13					.... , ...	.... , ...		.... , ...
14					.... , ...	.... , ...		.... , ...
15					.... , ...	.... , ...		.... , ...
16					.... , ...	.... , ...		.... , ...
17					.... , ...	.... , ...		.... , ...
18					.... , ...	.... , ...		.... , ...
19					.... , ...	.... , ...		.... , ...
20					.... , ...	.... , ...		.... , ...
21					.... , ...	.... , ...		.... , ...
22					.... , ...	.... , ...		.... , ...
23					.... , ...	.... , ...		.... , ...
24					.... , ...	.... , ...		.... , ...
25					.... , ...	.... , ...		.... , ...
26					.... , ...	.... , ...		.... , ...
27					.... , ...	.... , ...		.... , ...
28					.... , ...	.... , ...		.... , ...
29					.... , ...	.... , ...		.... , ...
30					.... , ...	.... , ...		.... , ...
							Total	.... , ...

Mois 20

N°	Date	Réf.	Client	Désignation	Dépenses	Recettes	Moyen de paiement	Solde
1					.... , ...	.... , ...		.... , ...
2					.... , ...	.... , ...		.... , ...
3					.... , ...	.... , ...		.... , ...
4					.... , ...	.... , ...		.... , ...
5					.... , ...	.... , ...		.... , ...
6					.... , ...	.... , ...		.... , ...
7					.... , ...	.... , ...		.... , ...
8					.... , ...	.... , ...		.... , ...
9					.... , ...	.... , ...		.... , ...
10					.... , ...	.... , ...		.... , ...
11					.... , ...	.... , ...		.... , ...
12					.... , ...	.... , ...		.... , ...
13					.... , ...	.... , ...		.... , ...
14					.... , ...	.... , ...		.... , ...
15					.... , ...	.... , ...		.... , ...
16					.... , ...	.... , ...		.... , ...
17					.... , ...	.... , ...		.... , ...
18					.... , ...	.... , ...		.... , ...
19					.... , ...	.... , ...		.... , ...
20					.... , ...	.... , ...		.... , ...
21					.... , ...	.... , ...		.... , ...
22					.... , ...	.... , ...		.... , ...
23					.... , ...	.... , ...		.... , ...
24					.... , ...	.... , ...		.... , ...
25					.... , ...	.... , ...		.... , ...
26					.... , ...	.... , ...		.... , ...
27					.... , ...	.... , ...		.... , ...
28					.... , ...	.... , ...		.... , ...
29					.... , ...	.... , ...		.... , ...
30					.... , ...	.... , ...		.... , ...
							Total	.... , ...

Mois 20

N°	Date	Réf.	Client	Désignation	Dépenses	Recettes	Moyen de paiement	Solde
1					.... , ...	.... , ...		.... , ...
2					.... , ...	.... , ...		.... , ...
3					.... , ...	.... , ...		.... , ...
4					.... , ...	.... , ...		.... , ...
5					.... , ...	.... , ...		.... , ...
6					.... , ...	.... , ...		.... , ...
7					.... , ...	.... , ...		.... , ...
8					.... , ...	.... , ...		.... , ...
9					.... , ...	.... , ...		.... , ...
10					.... , ...	.... , ...		.... , ...
11					.... , ...	.... , ...		.... , ...
12					.... , ...	.... , ...		.... , ...
13					.... , ...	.... , ...		.... , ...
14					.... , ...	.... , ...		.... , ...
15					.... , ...	.... , ...		.... , ...
16					.... , ...	.... , ...		.... , ...
17					.... , ...	.... , ...		.... , ...
18					.... , ...	.... , ...		.... , ...
19					.... , ...	.... , ...		.... , ...
20					.... , ...	.... , ...		.... , ...
21					.... , ...	.... , ...		.... , ...
22					.... , ...	.... , ...		.... , ...
23					.... , ...	.... , ...		.... , ...
24					.... , ...	.... , ...		.... , ...
25					.... , ...	.... , ...		.... , ...
26					.... , ...	.... , ...		.... , ...
27					.... , ...	.... , ...		.... , ...
28					.... , ...	.... , ...		.... , ...
29					.... , ...	.... , ...		.... , ...
30					.... , ...	.... , ...		.... , ...
							Total	.... , ...

Mois 20

N°	Date	Réf.	Client	Désignation	Dépenses	Recettes	Moyen de paiement	Solde
1					.... , ...	.... , ...		.... , ...
2					.... , ...	.... , ...		.... , ...
3					.... , ...	.... , ...		.... , ...
4					.... , ...	.... , ...		.... , ...
5					.... , ...	.... , ...		.... , ...
6					.... , ...	.... , ...		.... , ...
7					.... , ...	.... , ...		.... , ...
8					.... , ...	.... , ...		.... , ...
9					.... , ...	.... , ...		.... , ...
10					.... , ...	.... , ...		.... , ...
11					.... , ...	.... , ...		.... , ...
12					.... , ...	.... , ...		.... , ...
13					.... , ...	.... , ...		.... , ...
14					.... , ...	.... , ...		.... , ...
15					.... , ...	.... , ...		.... , ...
16					.... , ...	.... , ...		.... , ...
17					.... , ...	.... , ...		.... , ...
18					.... , ...	.... , ...		.... , ...
19					.... , ...	.... , ...		.... , ...
20					.... , ...	.... , ...		.... , ...
21					.... , ...	.... , ...		.... , ...
22					.... , ...	.... , ...		.... , ...
23					.... , ...	.... , ...		.... , ...
24					.... , ...	.... , ...		.... , ...
25					.... , ...	.... , ...		.... , ...
26					.... , ...	.... , ...		.... , ...
27					.... , ...	.... , ...		.... , ...
28					.... , ...	.... , ...		.... , ...
29					.... , ...	.... , ...		.... , ...
30					.... , ...	.... , ...		.... , ...
							Total	.... , ...

Mois 20

N°	Date	Réf.	Client	Désignation	Dépenses	Recettes	Moyen de paiement	Solde
1					.... , ...	.... , ...		.... , ...
2					.... , ...	.... , ...		.... , ...
3					.... , ...	.... , ...		.... , ...
4					.... , ...	.... , ...		.... , ...
5					.... , ...	.... , ...		.... , ...
6					.... , ...	.... , ...		.... , ...
7					.... , ...	.... , ...		.... , ...
8					.... , ...	.... , ...		.... , ...
9					.... , ...	.... , ...		.... , ...
10					.... , ...	.... , ...		.... , ...
11					.... , ...	.... , ...		.... , ...
12					.... , ...	.... , ...		.... , ...
13					.... , ...	.... , ...		.... , ...
14					.... , ...	.... , ...		.... , ...
15					.... , ...	.... , ...		.... , ...
16					.... , ...	.... , ...		.... , ...
17					.... , ...	.... , ...		.... , ...
18					.... , ...	.... , ...		.... , ...
19					.... , ...	.... , ...		.... , ...
20					.... , ...	.... , ...		.... , ...
21					.... , ...	.... , ...		.... , ...
22					.... , ...	.... , ...		.... , ...
23					.... , ...	.... , ...		.... , ...
24					.... , ...	.... , ...		.... , ...
25					.... , ...	.... , ...		.... , ...
26					.... , ...	.... , ...		.... , ...
27					.... , ...	.... , ...		.... , ...
28					.... , ...	.... , ...		.... , ...
29					.... , ...	.... , ...		.... , ...
30					.... , ...	.... , ...		.... , ...
							Total	.... , ...

Mois 20

N°	Date	Réf.	Client	Désignation	Dépenses	Recettes	Moyen de paiement	Solde
1					.... , ...	.... , ...		.... , ...
2					.... , ...	.... , ...		.... , ...
3					.... , ...	.... , ...		.... , ...
4					.... , ...	.... , ...		.... , ...
5					.... , ...	.... , ...		.... , ...
6					.... , ...	.... , ...		.... , ...
7					.... , ...	.... , ...		.... , ...
8					.... , ...	.... , ...		.... , ...
9					.... , ...	.... , ...		.... , ...
10					.... , ...	.... , ...		.... , ...
11					.... , ...	.... , ...		.... , ...
12					.... , ...	.... , ...		.... , ...
13					.... , ...	.... , ...		.... , ...
14					.... , ...	.... , ...		.... , ...
15					.... , ...	.... , ...		.... , ...
16					.... , ...	.... , ...		.... , ...
17					.... , ...	.... , ...		.... , ...
18					.... , ...	.... , ...		.... , ...
19					.... , ...	.... , ...		.... , ...
20					.... , ...	.... , ...		.... , ...
21					.... , ...	.... , ...		.... , ...
22					.... , ...	.... , ...		.... , ...
23					.... , ...	.... , ...		.... , ...
24					.... , ...	.... , ...		.... , ...
25					.... , ...	.... , ...		.... , ...
26					.... , ...	.... , ...		.... , ...
27					.... , ...	.... , ...		.... , ...
28					.... , ...	.... , ...		.... , ...
29					.... , ...	.... , ...		.... , ...
30					.... , ...	.... , ...		.... , ...
							Total	.... , ...

Mois 20

N°	Date	Réf.	Client	Désignation	Dépenses	Recettes	Moyen de paiement	Solde
1					.... , ...	.... , ...		.... , ...
2					.... , ...	.... , ...		.... , ...
3					.... , ...	.... , ...		.... , ...
4					.... , ...	.... , ...		.... , ...
5					.... , ...	.... , ...		.... , ...
6					.... , ...	.... , ...		.... , ...
7					.... , ...	.... , ...		.... , ...
8					.... , ...	.... , ...		.... , ...
9					.... , ...	.... , ...		.... , ...
10					.... , ...	.... , ...		.... , ...
11					.... , ...	.... , ...		.... , ...
12					.... , ...	.... , ...		.... , ...
13					.... , ...	.... , ...		.... , ...
14					.... , ...	.... , ...		.... , ...
15					.... , ...	.... , ...		.... , ...
16					.... , ...	.... , ...		.... , ...
17					.... , ...	.... , ...		.... , ...
18					.... , ...	.... , ...		.... , ...
19					.... , ...	.... , ...		.... , ...
20					.... , ...	.... , ...		.... , ...
21					.... , ...	.... , ...		.... , ...
22					.... , ...	.... , ...		.... , ...
23					.... , ...	.... , ...		.... , ...
24					.... , ...	.... , ...		.... , ...
25					.... , ...	.... , ...		.... , ...
26					.... , ...	.... , ...		.... , ...
27					.... , ...	.... , ...		.... , ...
28					.... , ...	.... , ...		.... , ...
29					.... , ...	.... , ...		.... , ...
30					.... , ...	.... , ...		.... , ...
							Total	.... , ...

Mois 20

N°	Date	Réf.	Client	Désignation	Dépenses	Recettes	Moyen de paiement	Solde
1					.... , ...	.... , ...		.... , ...
2					.... , ...	.... , ...		.... , ...
3					.... , ...	.... , ...		.... , ...
4					.... , ...	.... , ...		.... , ...
5					.... , ...	.... , ...		.... , ...
6					.... , ...	.... , ...		.... , ...
7					.... , ...	.... , ...		.... , ...
8					.... , ...	.... , ...		.... , ...
9					.... , ...	.... , ...		.... , ...
10					.... , ...	.... , ...		.... , ...
11					.... , ...	.... , ...		.... , ...
12					.... , ...	.... , ...		.... , ...
13					.... , ...	.... , ...		.... , ...
14					.... , ...	.... , ...		.... , ...
15					.... , ...	.... , ...		.... , ...
16					.... , ...	.... , ...		.... , ...
17					.... , ...	.... , ...		.... , ...
18					.... , ...	.... , ...		.... , ...
19					.... , ...	.... , ...		.... , ...
20					.... , ...	.... , ...		.... , ...
21					.... , ...	.... , ...		.... , ...
22					.... , ...	.... , ...		.... , ...
23					.... , ...	.... , ...		.... , ...
24					.... , ...	.... , ...		.... , ...
25					.... , ...	.... , ...		.... , ...
26					.... , ...	.... , ...		.... , ...
27					.... , ...	.... , ...		.... , ...
28					.... , ...	.... , ...		.... , ...
29					.... , ...	.... , ...		.... , ...
30					.... , ...	.... , ...		.... , ...
							Total	.... , ...

Mois 20

N°	Date	Réf.	Client	Désignation	Dépenses	Recettes	Moyen de paiement	Solde
1					.... , ...	.... , ...		.... , ...
2					.... , ...	.... , ...		.... , ...
3					.... , ...	.... , ...		.... , ...
4					.... , ...	.... , ...		.... , ...
5					.... , ...	.... , ...		.... , ...
6					.... , ...	.... , ...		.... , ...
7					.... , ...	.... , ...		.... , ...
8					.... , ...	.... , ...		.... , ...
9					.... , ...	.... , ...		.... , ...
10					.... , ...	.... , ...		.... , ...
11					.... , ...	.... , ...		.... , ...
12					.... , ...	.... , ...		.... , ...
13					.... , ...	.... , ...		.... , ...
14					.... , ...	.... , ...		.... , ...
15					.... , ...	.... , ...		.... , ...
16					.... , ...	.... , ...		.... , ...
17					.... , ...	.... , ...		.... , ...
18					.... , ...	.... , ...		.... , ...
19					.... , ...	.... , ...		.... , ...
20					.... , ...	.... , ...		.... , ...
21					.... , ...	.... , ...		.... , ...
22					.... , ...	.... , ...		.... , ...
23					.... , ...	.... , ...		.... , ...
24					.... , ...	.... , ...		.... , ...
25					.... , ...	.... , ...		.... , ...
26					.... , ...	.... , ...		.... , ...
27					.... , ...	.... , ...		.... , ...
28					.... , ...	.... , ...		.... , ...
29					.... , ...	.... , ...		.... , ...
30					.... , ...	.... , ...		.... , ...
							Total	.... , ...

Mois 20

N°	Date	Réf.	Client	Désignation	Dépenses	Recettes	Moyen de paiement	Solde
1					.... , ...	.... , ...		.... , ...
2					.... , ...	.... , ...		.... , ...
3					.... , ...	.... , ...		.... , ...
4					.... , ...	.... , ...		.... , ...
5					.... , ...	.... , ...		.... , ...
6					.... , ...	.... , ...		.... , ...
7					.... , ...	.... , ...		.... , ...
8					.... , ...	.... , ...		.... , ...
9					.... , ...	.... , ...		.... , ...
10					.... , ...	.... , ...		.... , ...
11					.... , ...	.... , ...		.... , ...
12					.... , ...	.... , ...		.... , ...
13					.... , ...	.... , ...		.... , ...
14					.... , ...	.... , ...		.... , ...
15					.... , ...	.... , ...		.... , ...
16					.... , ...	.... , ...		.... , ...
17					.... , ...	.... , ...		.... , ...
18					.... , ...	.... , ...		.... , ...
19					.... , ...	.... , ...		.... , ...
20					.... , ...	.... , ...		.... , ...
21					.... , ...	.... , ...		.... , ...
22					.... , ...	.... , ...		.... , ...
23					.... , ...	.... , ...		.... , ...
24					.... , ...	.... , ...		.... , ...
25					.... , ...	.... , ...		.... , ...
26					.... , ...	.... , ...		.... , ...
27					.... , ...	.... , ...		.... , ...
28					.... , ...	.... , ...		.... , ...
29					.... , ...	.... , ...		.... , ...
30					.... , ...	.... , ...		.... , ...
							Total	.... , ...

Mois 20

N°	Date	Réf.	Client	Désignation	Dépenses	Recettes	Moyen de paiement	Solde
1					.... , ...	.... , ...		.... , ...
2					.... , ...	.... , ...		.... , ...
3					.... , ...	.... , ...		.... , ...
4					.... , ...	.... , ...		.... , ...
5					.... , ...	.... , ...		.... , ...
6					.... , ...	.... , ...		.... , ...
7					.... , ...	.... , ...		.... , ...
8					.... , ...	.... , ...		.... , ...
9					.... , ...	.... , ...		.... , ...
10					.... , ...	.... , ...		.... , ...
11					.... , ...	.... , ...		.... , ...
12					.... , ...	.... , ...		.... , ...
13					.... , ...	.... , ...		.... , ...
14					.... , ...	.... , ...		.... , ...
15					.... , ...	.... , ...		.... , ...
16					.... , ...	.... , ...		.... , ...
17					.... , ...	.... , ...		.... , ...
18					.... , ...	.... , ...		.... , ...
19					.... , ...	.... , ...		.... , ...
20					.... , ...	.... , ...		.... , ...
21					.... , ...	.... , ...		.... , ...
22					.... , ...	.... , ...		.... , ...
23					.... , ...	.... , ...		.... , ...
24					.... , ...	.... , ...		.... , ...
25					.... , ...	.... , ...		.... , ...
26					.... , ...	.... , ...		.... , ...
27					.... , ...	.... , ...		.... , ...
28					.... , ...	.... , ...		.... , ...
29					.... , ...	.... , ...		.... , ...
30					.... , ...	.... , ...		.... , ...
							Total	.... , ...

Mois 20

N°	Date	Réf.	Client	Désignation	Dépenses	Recettes	Moyen de paiement	Solde
1					.... , ...	.... , ...		.... , ...
2					.... , ...	.... , ...		.... , ...
3					.... , ...	.... , ...		.... , ...
4					.... , ...	.... , ...		.... , ...
5					.... , ...	.... , ...		.... , ...
6					.... , ...	.... , ...		.... , ...
7					.... , ...	.... , ...		.... , ...
8					.... , ...	.... , ...		.... , ...
9					.... , ...	.... , ...		.... , ...
10					.... , ...	.... , ...		.... , ...
11					.... , ...	.... , ...		.... , ...
12					.... , ...	.... , ...		.... , ...
13					.... , ...	.... , ...		.... , ...
14					.... , ...	.... , ...		.... , ...
15					.... , ...	.... , ...		.... , ...
16					.... , ...	.... , ...		.... , ...
17					.... , ...	.... , ...		.... , ...
18					.... , ...	.... , ...		.... , ...
19					.... , ...	.... , ...		.... , ...
20					.... , ...	.... , ...		.... , ...
21					.... , ...	.... , ...		.... , ...
22					.... , ...	.... , ...		.... , ...
23					.... , ...	.... , ...		.... , ...
24					.... , ...	.... , ...		.... , ...
25					.... , ...	.... , ...		.... , ...
26					.... , ...	.... , ...		.... , ...
27					.... , ...	.... , ...		.... , ...
28					.... , ...	.... , ...		.... , ...
29					.... , ...	.... , ...		.... , ...
30					.... , ...	.... , ...		.... , ...
							Total	.... , ...

Mois 20

N°	Date	Réf.	Client	Désignation	Dépenses	Recettes	Moyen de paiement	Solde
1					.... , ...	.... , ...		.... , ...
2					.... , ...	.... , ...		.... , ...
3					.... , ...	.... , ...		.... , ...
4					.... , ...	.... , ...		.... , ...
5					.... , ...	.... , ...		.... , ...
6					.... , ...	.... , ...		.... , ...
7					.... , ...	.... , ...		.... , ...
8					.... , ...	.... , ...		.... , ...
9					.... , ...	.... , ...		.... , ...
10					.... , ...	.... , ...		.... , ...
11					.... , ...	.... , ...		.... , ...
12					.... , ...	.... , ...		.... , ...
13					.... , ...	.... , ...		.... , ...
14					.... , ...	.... , ...		.... , ...
15					.... , ...	.... , ...		.... , ...
16					.... , ...	.... , ...		.... , ...
17					.... , ...	.... , ...		.... , ...
18					.... , ...	.... , ...		.... , ...
19					.... , ...	.... , ...		.... , ...
20					.... , ...	.... , ...		.... , ...
21					.... , ...	.... , ...		.... , ...
22					.... , ...	.... , ...		.... , ...
23					.... , ...	.... , ...		.... , ...
24					.... , ...	.... , ...		.... , ...
25					.... , ...	.... , ...		.... , ...
26					.... , ...	.... , ...		.... , ...
27					.... , ...	.... , ...		.... , ...
28					.... , ...	.... , ...		.... , ...
29					.... , ...	.... , ...		.... , ...
30					.... , ...	.... , ...		.... , ...
							Total	.... , ...

Mois 20

N°	Date	Réf.	Client	Désignation	Dépenses	Recettes	Moyen de paiement	Solde
1					.... , ...	.... , ...		.... , ...
2					.... , ...	.... , ...		.... , ...
3					.... , ...	.... , ...		.... , ...
4					.... , ...	.... , ...		.... , ...
5					.... , ...	.... , ...		.... , ...
6					.... , ...	.... , ...		.... , ...
7					.... , ...	.... , ...		.... , ...
8					.... , ...	.... , ...		.... , ...
9					.... , ...	.... , ...		.... , ...
10					.... , ...	.... , ...		.... , ...
11					.... , ...	.... , ...		.... , ...
12					.... , ...	.... , ...		.... , ...
13					.... , ...	.... , ...		.... , ...
14					.... , ...	.... , ...		.... , ...
15					.... , ...	.... , ...		.... , ...
16					.... , ...	.... , ...		.... , ...
17					.... , ...	.... , ...		.... , ...
18					.... , ...	.... , ...		.... , ...
19					.... , ...	.... , ...		.... , ...
20					.... , ...	.... , ...		.... , ...
21					.... , ...	.... , ...		.... , ...
22					.... , ...	.... , ...		.... , ...
23					.... , ...	.... , ...		.... , ...
24					.... , ...	.... , ...		.... , ...
25					.... , ...	.... , ...		.... , ...
26					.... , ...	.... , ...		.... , ...
27					.... , ...	.... , ...		.... , ...
28					.... , ...	.... , ...		.... , ...
29					.... , ...	.... , ...		.... , ...
30					.... , ...	.... , ...		.... , ...
							Total	.... , ...

www.ingramcontent.com/pod-product-compliance
Lightning Source LLC
LaVergne TN
LVHW061948220826
846091LV00013B/4092
9781700666178